吳忠信日記

（1948）

The Diaries of Wu Chung-hsin, 1948

民國日記｜總序

呂芳上
民國歷史文化學社社長

人是歷史的主體，人性是歷史的內涵。「人事有代謝，往來成古今」（孟浩然），瞭解活生生的「人」，才較能掌握歷史的真相；愈是貼近「人性」的思考，才愈能體會歷史的本質。近代歷史的特色之一是資料閎富而駁雜，由當事人主導、製作而形成的資料，以自傳、回憶錄、口述訪問、函札及日記最為重要，其中日記的完成最即時，描述較能顯現內在的幽微，最受史家重視。

日記本是個人記述每天所見聞、所感思、所作為有選擇的紀錄，雖不必能反映史事整體或各個部分的所有細節，但可以掌握史實發展的一定脈絡。尤其個人日記一方面透露個人單獨親歷之事，補足歷史原貌的闕漏；一方面個人隨時勢變化呈現出不同的心路歷程，對同一史事發為不同的看法和感受，往往會豐富了歷史內容。

中國從宋代以後，開始有更多的讀書人有寫日記的習慣，到近代更是蔚然成風，於是利用日記史料作歷史研究成了近代史學的一大特色。本來不同的史料，各有不同的性質，日記記述形式不一，有的像流水帳，有的生動引人。日記的共同主要特質是自我（self）與私密（privacy），史家是史事的「局外人」，不只注意史實的追尋，更有興趣瞭解歷史如何被體驗和講述，這時對「局內人」所思、所行的掌握和體會，日記便成了十分關鍵的材料。傾聽歷史的聲音，重要的是能聽到「原音」，而非「變音」，日記應屬原音，故價值高。1970年代，在後現代理論影響下，檢驗史料的潛在偏見，成為時尚。論者以為即使親筆日記、函札，亦不必全屬真實。實者，日記記錄可能有偏差，一來自時代政治與社會的制約和氛圍，有清一代文網太密，使讀書人有口難言，或心中自我約束太過。顏李學派李塨死前日記每月後書寫「小心翼翼，俱以終始」八字，心所謂為危，這樣的日記記錄，難暢所欲言，可以想見。二來自人性的弱點，除了「記主」可能自我「美化拔高」之外，主觀、偏私、急功好利、現實等，有意無心的記述或失實、或迴避，例如「胡適日記」於關鍵時刻，不無避實就虛，語焉不詳之處；「閻錫山日記」滿口禮義道德，使用價值略幾近於零，難免令人失望。三來自旁人過度用心的整理、剪裁、甚至「消音」，如「陳誠日記」、「胡宗南日記」，均不免有斧鑿痕跡，不論立意多麼良善，都會是史學研究上難以彌補的損失。史料之於歷史研究，一如「盡信書不如無書」的話語，對證、勘比是個基本功。或謂使用材料多方查證，有如老吏斷獄、法官斷案，取證求其多，追根究柢求其細，庶幾還原案貌，以證據下法理註腳，盡力讓歷史真相水落可石出。是故不同史料對同一史事，記述會有異同，同者互證，異者互勘，於是能逼近史實。而勘比、互證之中，以日記比證日記，或以他人日記，證人物所思所行，亦不失為一良法。

從日記的內容、特質看，研究日記的學者鄒振環，曾將日記概分為記事備忘、工作、學術考據、宗教人生、游歷探險、使行、志感抒情、文藝、戰難、科學、家庭婦女、學生、囚亡、外人在華日記等十四種。事實上，多半的日記是複合型的，柳貽徵說：「國史有日歷，私家有日記，一也。日歷詳一國之事，舉其大而略其細；日記則洪纖必包，無定格，而一身、一家、一地、一國之真史具焉，讀之視日歷有味，且有補於史學。」近代人物如胡適、吳宓、顧頡剛的大部頭日記，大約可被歸為「學人日記」，余英時翻讀《顧頡剛日記》後說，藉日記以窺測顧的內心世界，發現其事業心竟在求知慾上，1930 年代後，顧更接近的是流轉於學、政、商三界的「社會活動家」，在謹厚恂恂君子後邊，還擁有激盪以至浪漫的情感世界。於是活生生多面向的人，因此呈現出來，日記的作用可見。

晚清民國，相對於昔時，是日記留存、出版較多的時期，這可能與識字率提升、媒體、出版事業發達相關。過去日記的面世，撰著人多半是時代舞台上的要角，他們的言行、舉動，動見觀瞻，當然不容小覷。但，相對的芸芸眾生，識字或不識字的「小人物」們，在正史中往往是無名英雄，甚至於是「失蹤者」，他們如何參與近代國家的構建，如何共同締造新社會，不應該被埋沒、被忽略。近代中國中西交會、內外戰事頻仍，傳統走向現代，社會矛盾叢生，如何豐富歷史內涵，需要傾聽社會各階層的「原聲」來補足，更寬闊的歷史視野，需要眾人的紀錄來拓展。開放檔案，公布公家、私人資料，這是近代史學界的迫切期待，也是「民國歷史文化學社」大力倡議出版日記叢書的緣由。

導言

王文隆

南開大學歷史學院副教授

一、吳忠信生平

吳忠信（1884-1959），字禮卿，一字守堅，別號恕庵，安徽合肥人。1900 年八國聯軍攻陷北京，光緒帝與慈禧太后西逃，鑑於國難而前往江寧（南京）進入江南將弁學堂，時年僅十七。1905 年夏天畢業後，奉派前往鎮江辦理徵兵，旋受命為陸軍第九鎮第三十五標第三營管帶，開始行伍生涯。隔年經楊卓林介紹，秘密加入同盟會。1911 年武昌起義，全國響應。林述慶光復鎮江，自立為都督，任吳忠信為軍務部部長，後改委為江浙滬聯軍總司令部總執行法官兼兵站總監。

1912 年元旦，孫中山就任中華民國臨時大總統，奠都南京，吳忠信任首都警察總監。孫中山辭職後，吳忠信轉至上海《民立報》供職，二次革命討袁時復任首都警察總監，失敗後亡命日本，加入孫中山重建的中華革命黨。並於 1915 年，在陳其美（字英士）帶領下，與蔣中正同往上海法國租界參預討袁戎機，奠下與蔣中正的深厚情誼。1917 年，孫中山南下護法組織軍政府，吳忠信奉召前往擔任作戰科參謀，襄助作戰科主任蔣中正，兩人合作關係益臻緊密。爾後，吳忠信陸續擔任粵軍第二軍總指揮、桂林衛戍司令等職。1922 年，吳忠信作為孫中山的全權代表之一員，與段祺瑞、張作霖共商三方合作事宜。同年 4 月前往上海時，因腸胃病發作，辭去軍職，卜居蘇州。爾後數年皆以身體不適為辭，在家休養，與好友羅良鑑（字佶子）等人研究諸子百家。

1926 年 7 月，蔣中正就任國民革命軍總司令，誓師北伐，同年 11 月克復南昌後，邀請吳忠信出任總司令部顧問，其後歷任江蘇省政府委員、淞滬警察廳廳長、建設委員會委員、河北編遣委員會主任委員等職。1929 年，因國家需要建設，前往歐美考察十個月。1931 年 2 月奉派為導淮委員會委員，同月監察院成立，又任監察委員。1932 年 3 月受任為安徽省政府主席，次年 5 月辭職獲准後，轉任軍事委員會南昌行營總參議。1935 年 4 月擔任貴州省政府主席，次年 4 月因胃腸病復發加以兩廣事變，呈請辭職，奉調為蒙藏委員會委員長。自此主掌邊政八年，期間曾親赴西藏主持達賴喇嘛坐床、前往蘭州致祭成吉思汗陵，並視察寧夏、青海及新疆等邊疆各地。1944 年 9 月調任新疆省政府主席兼保安司令，對內以綏撫為主，對外應付蘇聯及三區（伊犁、塔城、阿山）革命問題，1946 年 3 月辭任後，任國民政府委員，並當選第一屆國民大會代表。

1948 年 4 月，蔣中正當選行憲後第一任中華民國總統，敦聘吳忠信為總統府資政，復於該年年底委為總統府秘書長。1949 年 1 月 21 日蔣中正引退後，吳忠信堅辭秘書長職務，僅保留資政一職。上海易手之前，吳忠信舉家遷往台灣，被推為中國國民黨中央非常委員會委員，並任中國銀行董事、中央銀行常務理事。1953年7月起，擔任中央紀律委員會主任委員。1959年10月，吳忠信腹瀉不止，誤以為腸胃痼疾發作，未加重視。不久病情加劇，乃送至榮民總醫院，診療結果為肝硬化，醫藥罔效，於該年12月16日辭世。

二、《吳忠信日記》的史料價值

吳忠信自1926年任國民革命軍總司令部顧問時開始撰寫日記，至1959年辭世前為止，共有34年的日記。其中1937、1938年日記存藏於香港，1941年年底日軍佔領香港時未及攜出而焚毀，因而有兩年闕佚（1942.3.15《吳忠信日記》）。

《吳忠信日記》部分內容，例如《西藏紀遊》、《西藏紀要》以及《吳忠信主新日記》曾先後出版，披露其在1933年經英印入藏辦理達賴喇嘛坐床大典以及1944年出任新疆省政府主席之過程，其餘日記內容大多未經公開。現在透過民國歷史文化學社的努力，將該批日記現存部分，重新打字、校訂出版，以饗學界。這批日記的出版，足以開拓民國史研究的新視角。

（一）蔣吳情誼

蔣中正與吳忠信的情誼在日記中處處可見。除眾所周知的託其就近關照蔣緯國及姚冶誠一事外，蔣中正派任吳忠信為地方首長的背後，也有藉信賴之人，安頓地方、居間調處的考量。如吳忠信於1935年4月派為貴州省政府主席，原以江南為實力基礎的南京國民政府，得以將其力量延伸入西南，在當地推展教育與交通等基礎建設，並透過吳忠信居間溝通協調南京與桂系關係，從日記中經常記述與桂系來人談話可見一斑。而薛岳此時以追剿為名，率中央軍進入貴州，在吳忠信與薛岳兩人通力合作之下，加強中央對貴州的掌控，為未來抗戰的後方準備奠立基礎。又如吳忠信於抗戰末期接掌新疆省務，以中央委派之姿取代盛世才為新疆省政府主席，一改「新疆王」盛世才當政時的高壓政策，採取懷柔態度，釋放羈押的漢、維人士，並派員宣撫南疆，圖使新疆親近中央，這都得是在蔣中正對吳忠信的高度信任下，才能主導的。當蔣中正於 1949 年 1 月下野，李宗仁代總統時，吳忠信居間穿梭蔣中正、李宗仁二人之間，由是可見吳忠信在二人心中的特殊地位。直至蔣中正於 1950 年 3 月 1 日「復行視事」，每個布局幾乎都有吳忠信的角色存在。

（二）蒙藏邊政

吳忠信長年擔任蒙藏委員會主任委員，關於邊疆問題的觀點與處置，也是《吳忠信日記》極具參考價值的部分。吳忠信掌理蒙藏委員會，恰於全面抗戰爆發前至抗戰末期，在邊政的處置上，期盼蒙、藏、維等邊疆少數民族能在日敵當前的情況下，親近中央、維持穩定。針對蒙藏，吳忠信各有安排，如將蒙古族珍視的成吉思汗陵墓遷移蘭州，以免日敵利用此一象徵的用心。對於藏政，則透過協助班禪移靈回藏（1937 年）、達賴坐床大典（1940 年 2 月）等重要活動，維護中央權威，避免西藏藉英國支持而逐漸脫離中央掌控。1940 年 5 月於拉薩設置蒙藏委員會駐藏辦事處是最成功的宣示，力採「團結蒙古、安定西藏」的策略，穩定邊陲。吳忠信親身參與、接觸的人面廣泛，對於邊事的觀察與品評，值得讀者深思推敲。

（三）貫穿民國史的觀察

長達 34 年的《吳忠信日記》，貫穿了國民政府自北伐統一、訓政建國、抗日戰爭到國共內戰，以及政府遷台初期的幾個重要階段。透過吳忠信得以貼近觀察各階段的施政重心與處置辦法，以個人史或是生活史的角度，觀察黨政要員在這些動盪之中的處境、心境與動態。更能搭配其他同樣經歷人士的紀錄，相互佐證。

三、日記所見的個人特質

日記撰述，能見記主公私生活，從中探知其性格與思維，就日記的內容來分析，或許能得知吳忠信的個人特質。

（一）愛家重情

吳忠信的愛家與重情，有兩個層面，一是對於家族的關懷，一是對於鄉誼、政誼的看重。家人一直都是他的牽絆與記掛，他與正室王惟仁於 1906 年結婚，卻膝下無子。在惟仁的寬宏下，年四十迎娶側室湘君，1926 年初得長女馴叔，嘗到為人父的喜悅。爾後湘君又生長子申叔，使得吳家有後，但沒過多久，湘君竟因肺炎撒手人寰，年方二十五，使得吳忠信數日皆傷心欲絕，在日記中曾寫道：「自伊去後，時刻難忘。每一念及，不知所從。」（1932.12.31《吳忠信日記》）爾後吳忠信經常前往湘君墳上流連，一解思念之情。湘君故後，吳忠信又迎娶麗君（後改名麗安），生了庸叔、光叔兩子。不過吳忠信與麗安感情不睦，經常爭執，在日記中多次記下此事的煩擾。吳忠信重視子女教育，抗戰勝利後，馴叔赴美求學，嫁給同樣赴美、專攻數量經濟學的林少宮，生下了外孫，讓吳忠信相當高興。1954 年，或因聽聞林少宮將攜家帶眷離美赴大陸，吳忠信並不贊成，不斷去函馴叔勸其留在美國，如果一定要離開，也務必來台。同年 8 月 6 日，吳忠信獲悉馴叔一家已經離開美國，不知所蹤，從此以後，日記鮮少提到這個疼愛的女兒。這一年年末在日記的總結寫道：「最煩神是子女問題，尤其家事真是一言難盡。」表現出心中的苦悶。

吳忠信相當看重安徽同鄉，安徽從政前輩中最敬重的要屬北京政府國務總理段祺瑞，兩人政治立場並不相容，但鄉誼仍重。吳忠信自段祺瑞移居上海後，經常從蘇州前往探望，段祺瑞身故時，也親往弔祭。對於同鄉後進，無論是在政界或是學界，多所關照，願意接見、培養或是推介，因此深為鄉里所敬重。如 1939 年在段祺瑞女婿奚東曙的引介下，會晤出身安徽舒城的孫立人，在當天的日記中寫道：「〔孫立人〕清華大學畢業後，赴美國學陸軍，八一三上海抗日之後，身負重傷，勇敢可佩。此人頭腦清楚，知識豐富，本省後起之秀。」（1939.9.28《吳忠信日記》）頗為欣賞。或許是命運的作弄，當 1955 年爆發郭廷亮匪諜案時，吳忠信恰為九人調查委員會的一員，於公不能不辦，但於私仍同情孫立人的處境，認為他「一生戎馬，功在黨國，得此結果，內心之苦痛，可以想見，我亦不願多言，是非曲直留待歷史批評」。

吳忠信同樣在乎的還有政誼，盡力多方關照共事的同事。如羅良鑑不僅是他生活的良伴，也是與他同任安徽省政府委員的至交，兩人都在蘇州購地造園，經常往來。爾後，吳忠信主政安徽省、貴州省與蒙藏委員會時，羅良鑑都是他的左右手，離任蒙藏委員會時，更推薦羅良鑑繼任。1948 年 12 月 21 日，羅良鑑夫婦自上海前往香港，飛機失事罹難，隔年骨灰歸葬蘇州。吳忠信在蔣、李兩方居間穿梭繁忙之際，特地回到蘇州參加喪禮，深為數十年好友之失而悲痛，可看出吳忠信個人重情、真誠的一面。

（二）做人做事有志氣有宗旨

吳忠信曾經在 1939 年元旦的自勉中，自述「余以為做人做事，必有志氣，有宗旨，然後盡力以赴，始可有成。」另亦述及「自入同盟會、中華革命黨而迄于今，未敢稍渝此旨。至以處人論，則一秉真誠，不事欺飾，對於人我分際之間，亦嘗三致意焉。」這是他向來自持的。就與蔣中正的關係而論，自詡亦掌握此一原則，他在同日又記下：「余與蔣相處，民十五後可分三個階段，由十六年起至十八春出洋止，以革命黨同志精神處之；由十九年遊歐美歸國起至二十一年任安徽省主席以前止，則以朋友方式處之；由安徽主席起以至于今，則以部屬方式處之。比年服務中樞，余于本身職掌外，少所建議，于少數交遊外，少所往還，良以分際既殊，其相處之標準，不可不因之而異也。余在過去十二年來，因持有上述之宗旨與標準，故對國事，如在滬、在平、在皖、在黔及目前之在蒙藏委員會，均能振刷調整，略有建樹，絲毫未之貽誤；對友人如過去之與蔣，雖交誼深厚，然他人則與之誤會叢生，而余仍能保持此種良好關係，感情日有增進，而毫無芥蒂。……即無論國家之情勢若何，當一本過去，對國竭其忠、對友竭其力，如此而已。概括言之：即「救國」、「助友」兩大方針是也。」

由此可知，在吳忠信待人之原則，必先確認兩人之關係，進而以身分為斷，調整相待之禮。他長時間服務公職，練就出一套為公不私的原則，經常在日記中自記用人、薦人之大公無私，此亦為其「救國」、「助友」之顯現，常以「天理、國法、人情」與來者共勉。

四、結語

吳忠信於公歷任軍政要職，於私是家族中的支柱。公私奔忙之餘，園藝之樂，或許才是他的最愛。他常在一手規劃的蘇州庭園裡，親自修剪、坌土，手植的紫藤、楓樹、柳樹、紅梅、白梅等在園中，隨著季節的變化而映放姿彩，園林美景是他內心的慰藉。吳忠信1949 年回蘇州參加羅良鑑夫婦葬禮後，短暫地回到自宅園林，感嘆地寫道：「園中紅梅業已開散，白梅尚在開放，香味怡人。果能時局平定，余能常住此園以養殘年，余願足矣。」（1949.2.21《吳忠信日記》）可惜，這是他最後一次回到蘇州，之後再無重返機會，願與天違。

這份與民國史事有補闕作用的《吳忠信日記》並非全出於其個人手筆，部分內容為下屬或親屬經其口述謄寫而成。1940 年，他就提到：「余自入藏以來，身體時常不適，且事務紛繁，日記不時中斷，故託纕蘅兄代記，國書姪代繕。」（1940.1.23《吳忠信日記》）且在記述中，也有於當日日記之末，囑咐某一段落應增添某公文，或是某電文的文字，或可見其在撰述日記之時，便有日後公諸於世的預想。或許是如此，吳忠信在撰寫日記時，不乏為自己的行動辯白，或是對他人、事件之品評有所保留的情況，此或許是利用此份日記時須加以留意的地方。

編輯凡例

一、本社出版吳忠信日記，起自 1926 年，終至 1959 年，共 34 年。其中 1926 年日記為當年簡記，兼錄 1951 年補述版本；1937 年至 1938 年於太平洋戰爭爆發後，其家人逃離香港時焚毀，僅有補述版本。

二、古字、罕用字、簡字、通同字，在不影響文意下，改以現行字標示。

三、日記中原留空白部分，以□表示；難以辨識字體，以■表示。編註以【】標示。

四、作者於書寫時，人名、地名、譯名多有使用同音異字、近音字，落筆敘事，更可能有魯魚亥豕之失，為存其真，恕不一一標註、修改。但有少數人名不屬此類，為當事人改名者，如麗君改名麗安、曾小魯改名曾少魯等情形，特此說明。

目錄

1948年（民國37年） 65歲

1月1日 星期四

今日天氣清和，中樞慶祝元旦紀念開國，計有三個儀式：

（一）上午九時謁陵。

（二）上午十一時國府團拜。

（三）上午十一時半中央黨部團拜。

以上三種儀式余均參加。蔣主席親自主持謁陵及國府團拜，其在國府訓話大意：

（甲）最近三天，平漢、平綏兩路沿線各匪，以及包圍瀋之匪，現均已完全打退，此乃新年好消息。

（乙）去年是辛苦之一年，剿匪軍事已將匪之重要據點擊破，匪既不能攻，亦不能守，國軍與之相反，是能攻能守。惟匪化整為零，到處竄擾，一時不易肅清，一年之內可將有形之匪消滅淨盡，二、三年內可將殘匪肅清。

（丙）今年建設惟一是行憲。

結語吾人必定要勤勞儉樸，自力更生，克復困難。今年來拜年客人甚多，午後親自分別回拜。晤甯夏馬主席，他將于明日飛返甯夏，負甘、甯、陝等省邊區責任。

1月2日 星期五

程思遠兄上午來見，伊日前應北平行轅主任李德鄰兄之約赴平，現已回京。攜帶德鄰致余親筆函，略謂行憲在邇，國肇新基，半生戎馬，鬢髮多蒼，方面之任，頗感厭倦，原欲少休，坐觀盛治，惟以大局靡定，不敢遽求安逸，故以此次決心參加副總統競選，期竭股肱之力。（中略）叨在知交，敢以實告，諒尊意必深表同情也云云。思遠又云，德鄰想我詢問蔣主席意見。余答曰，上次德鄰致白建生兄親筆函，擬在此次行憲競選監察院長，白託余請示蔣主席。蔣贊成先選監察委員，至院長問題，要臨時方可決定（院長須由全體監察委員互選）。此次變更競選副總統，再詢蔣主席意見，我須加以考慮。請你轉告德鄰，我個人對德鄰，在公在私，都應盡力盡心予以注意，結果如何，且看將來。

1月3日　星期六

上午接見西藏達賴活佛長兄當才，次見嘉樂。查當才即是青海塔爾寺當才活佛，伊于民國廿九年入藏，此次請假回青。嘉樂現在中央政治大學讀書。伊二人均聰敏，態度安詳。余詳詢藏情，人民非常困苦，並告伊等在達賴未成年執政之先，萬萬不可多事（按示活佛將至成年執政之時，往往為權奸謀害，藉此再辦轉世，延長其政權），一面告嘉樂在中央好好讀書，不必回藏（按示嘉樂在中央讀書，藏方認為接近中央，必多疑忌，一旦回藏，藏奸必設法陷害）。

1月4日　星期日

今晨緬甸獨立，英督、緬揆授受政權。今日李濟琛在香港成立國民黨民主團體。午後四時，姪媳虞積芳之胞妹與梁士楨君在公餘聯歡社舉行結婚典禮，請余證婚。余準時偕麗安、馴叔等前往，並致賀詞。

1月5日　星期一

上午九時出席中央紀念週，蔣總裁領導行禮，並報告歷一小時之久。大意謂共渡時艱，完成戡亂任務，本革命者的精神，自己自動革新。

1月6日　星期二

午後三時程思遠、韋永成兩兄來訪，彼等日內赴漢口晤白部長健生，特來詢余對李德鄰兄競選副總統之意見，以便轉告健生。余以前次與思遠所談之話再說一番，都主張德鄰應停止宣傳，暗中活動，較為相宜。

1月7日　星期三

上午九時出席中央常務會議，討論卅七年度黨務預算，總額暫以七千萬元為準，其中事業費僅佔百分之廿至廿五。全國各處黨部辦事職員四萬多人、工友八千多人，如此巨款，與如許多人員，黨務仍辦不好，實在黨的恥辱。回想從前同盟會與中華革命黨，兩個時代之秘密革命，經費既有限，而黨員亦不多，能以打倒滿清、打倒軍閥，都是以決死精神而成大事。現在國民黨人有時是政客做法，有時是革命做法，有時官僚做法，有時是軍閥做法，五花八門，黨部如同衙門。當前國民黨是他人革命對象，瞻望黨國前途，未可樂觀，惟有痛改前非，澈底覺悟，振作精神，以挽危機于萬一。

1月8日　星期四

建國特捐案經上次審查會改為救濟特捐，由財部另擬辦法草案。本日上午九時召開審查會，余準時出席。以獎勸方式募集，救濟難民，計辦法十七條，先在上海、南京等特別市辦理，捐額以五億以上至五百億以上。

1月9日　星期五

上午十時出席國務會議，討論重要案件：

（一）文武官員調整待遇，本月起指數計薪，超過卅元以十分之一計算。

（二）昨日審查救濟特捐案，照案通過，預計募二萬億元，蔣主席主張募十萬億元。

（三）通過卅七年總預算，送由國民參會審議。

（四）決定北平為陪都。

（五）省縣自治方案討論很久，意見很多，再交審查。

1月10日　星期六

中孚銀行擬于一月十二日召開業務會議，檢討過去，研究將來，所有各分行經理均來滬出席。余今日上午八時車赴滬，李崇年、孫仲犖及分行經理，都到車站迎接。

1月11日　星期日

老朋友、老同志葉楚滄兄，昨年病故上海，其靈櫬定于今日上午由滬移往蘇州，十三日午後二時卜葬靈岩山麓。中央推定吳稚老在上海主祭，余及方希孔、吳國楨、潘公展等陪祭，余于今晨九時前往中國殯儀館，拾時開祭，弔客很多，禮節隆重，一代完人，從此已矣。午十二時，錫德炳、孫錫三在虹橋聚樂部招待余及中孚銀行高級職員午餐。晚七時，余招待彼等晚餐，其主客為各分行經理。午後與陳光甫兄見面，並在陳處遇見將赴美國接洽借款計術團長貝松蓀兄。陳、貝二人認為向美借小款或有可能，但美人必詢問中國宣佈自力更生方案如何，及與彼借款之配合如何，實不易答復之事也。

1月12日　星期一

上午中孚銀行開行務會議，余主席，並致詞。大意為：

（一）中孚現在本身雖可維持，然一般大環境確是危險，必須有所準備。

（二）要健全制度，過去因制度不健全，故有數次失敗。

（三）勉勵同人。

又此次提案三十餘件，均交小組審查。

1月13日　星期二

中午十二時招待青海馬師長繼援、馬旅長子儀午餐。伊二人現負隴東軍事責任，此次南來，係奉召入中央訓練團受訓。下午七時，中孚主任以上同仁設宴招待余及各分行經理。

1月14日　星期三

上、下午開行務會議，通過有關業務聯繫、同仁福利基金、退休金辦法，及重訂會計規程等等重要案件，為中孚從來所無者。晚應奚東曙宴，同席者有周志輔、志俊兄弟。周係安徽志德縣人，為前兩江總督周馥（玉山）之孫、前北京財政部長周學熙（字緝之）之子。余二十二歲自江南陸軍學堂畢業時，文憑即為玉山先生所授，二十三歲任營長，亦出自玉山先生之任命。事經多年，其後孫教育良好，並興辦實業甚多。余與志輔兄弟相談甚久，彼此甚歡。

1月15日　星期四

上午十時主持中孚董監事聯席會議，通過常務董事會章程，又股東會開會日期（五月間，舉行日期另訂），及重要人士調升等等。北方是軍事重鎮，目前面臨經濟危機，而政治又非常複雜，人心大感不安，因此推舉北平市、天津市、河北省三參議會議長許惠東、時子周、劉瑤章，及津商會理事長姬奠川等代表來京請願，昨日飛抵上海。彼等與北方中孚都有關係，故于今晚招待晚餐。據云人民苦不堪言。

1月16日　星期五

午後一時出席阜豐公司董監會。晚七時招待青年黨李璜（幼椿）夫婦晚餐，吳醫生天民夫婦作陪。李頭腦清楚，是青年黨發起者。吳係有名醫生，為申叔醫病十分熱心。

1 月 17 日　星期六

孫錫三請假三星期，今日飛平，競選立法委員。午十二時周志輔、志俊招待余午餐，周等祖遺實業甚多（水泥、紗廠），現在深感不易應付，有欲罷不能之勢。復旦大學校長章友三（益）約余晚餐。

廣州群眾燒英國領事館

英國駐廣州領事館、英國新聞處，及英商怡和、太古兩洋行，十六日下午廣州群眾抗議港府強拆我九龍居民房屋事件的示威遊行中燒燬。英國人何以如此想不開，印度、緬甸都已撒手，而對香港、九龍，非但抓住不放，更對條約上本屬中國主權小小九龍城變本加厲。也在轉念頭，為英國人想，實在太無必要，中國人民之憤慨，英國人毫無覺悟，以致發生燒燬英領館不幸事件。這件事英國人雖然不對，我們燒領館，表現我人民無教育，與夫政府之無能。

1 月 18 日　星期日

陳樹人先生教申叔花卉，很有進步，今午約陳夫婦午飯。午後七時招待李宇龠新夫婦晚餐，吳市長夫婦等作陪。

1 月 19 日　星期一

陳光甫上午來晤談。有關李德鄰競選副總統事，彼此認為困難甚多，且競選者多，而有資格競選者亦多。

1月20日　星期二

陳光甫兄約余及中孚銀行同仁（葉元龍、包培之、孫仲犖、潘禹言）等午餐，有李復生、朱如堂、奚東曙等作陪。他們都是銀行界有地位之人才，對于當前工商業頗抱悲觀，尤以政府與工商不配合為可慮。余戲語曰，有人罵中國人無官不貪，無商不奸，我們要大大覺悟，為老百姓多做事。晚七時招待孫仲犖夫婦、孫碧威夫婦，及孫乾方（章甫之次子）晚餐。乾方日前由津來滬，明日返津，本晚特為餞行。乾方于去年由美返國，現在南開大學任教授，係孫府後起之秀。

1月21日　星期三

乘上午七時車，午後一時到南京。端木文俠、陸心亘先後來談立法委員選舉情形，他二人有當選可能。

1月22日　星期四

午後四時訪曾慕韓兄，仍臥床未起，病勢較前有進步。他歡喜與我談話，計談一時半之久，他仍想繼續再談，我恐有礙其健康，故辭去。周志輔兄由滬來京，特來訪晤。

1月23日　星期五

陳光甫兄清晨來晤，他表示如立法委員當選，將常住南京，擬辭去上海銀行董事長。答曰你由經濟轉入政治，我亟贊成，但我俟國民大會成立後、選舉總統後，我將專做經濟事業，尤其是社會經濟，不願在政治上再作官吏。言下很有彼此更換崗位之感。上午十時出席國務會議，蔣主席親自主持，通過賑災特捐辦法，公教人員待調整辦法亦通過。蔣主席于午後八時招宴余等全體國府委員，此次宴會純為新年酬酢。宴後蔣主席留余談話，首先詢問李德鄰（宗仁）近況。答曰彼曾來函，擬競選副總統，當將德鄰親筆函呈閱（原函已載元月二日日記中）。主席閱後，余繼謂，德鄰此次宣傳錯詞，似有未妥，蓋以本黨黨員推舉胡適之競選大總統，亦似欠斟酌（因蔣主席是本唯一候選大總統）。德鄰人太老實，恐左右人不識大體之故也，據程思遠云白健生亦不以為然，主張停止宣傳。蔣曰當前對副總統問題，不能有所表示。蔣又問德鄰競選監察委員情形如何，答曰已在廣西當選。余又曰現在競選副總統人很多，而又多有以地區為號召（華北、東北、西北、東南、西南、華中），我認為副總統人選要無野心，不為人利用，有惱精，不搗亂，而能為總統幫忙者，這是最基之原則。例如過去國民黨選舉黎元洪為副總統，因黎元洪沒有上項基本原則，國民黨受其很大影響。

1 月 24 日　星期六

昨夜、今朝大雪，天氣大寒，室外攝氏零下七度，為今冬以來南京的冷。

1 月 25 日　星期日

致和公司朱經理來報告公司業務。午後再與陳光甫兄晤談，他明回滬。

1月26日　星期一

上午九時出席中央常務會議，討論國民黨第七次全國代表大會，原定本年五月五日召開，中央常會頃奉總裁交議，現國民大會定三月廿九日舉行，兩會時間相距甚促，深恐籌備不及，應否延期，請常會討論。當即決議七次代表大會改期召集，日期另行決定。又關于國代選舉，對友黨之退讓，及本黨同志之互讓問題，中常會再度詳加討論，決交選舉小組再加研究。

1月27日　星期二

接見張鳳儀、李普霖兩兄。張、李都是東北人，久在新疆服務。張係軍人，曾由新疆盛督辦逮捕入獄，經余到新後釋放，仍派其在軍事方面工作，現在仍任新疆騎兵旅長，駐防哈什，此次來京受訓，即將回防。李普霖曾任新疆民政廳長，現任行政院參事。伊對新疆十多年黑暗情形，最為明瞭之一人，余久欲研究此中經過，供獻國家，特請李準備資料，改期再約詳談。本日（廿七）午後晤李總司令鐵軍。據云他于上年十二月間，奉命率第三師由平漢鐵路之明港急進，以解郾城之圍，以致孤軍深入至西平之祝王砦。忽遇大于我數陪敵人，四面包圍，糧彈盡絕，援兵無望，不得已向西南向突圍，全師官兵傷亡三分之二，彼則九死一生，得免于難。且匪軍以「開倉濟貧」手段、「耕者有其田」口號，一般勞苦大眾受其誘惑甚眾，此種口號素為國民黨所提唱，今則自己不用，反為人所用，殊深慚愧。彼結論曰，當前應隔斷東北、華北之敵，使其不能打成一片，在大江以北敵人，使其不能渡過江南，如不能做到，則大局不堪設想云云。

1月28日　星期三

上午九時出席中央政治會議。

1月29日　星期四

青年黨劉東岩來晤，談將來政局，余發表很多主張（另有記載）。

1月30日　星期五

在兩星期前，京滬物價直線上昇，市場一片混亂。嗣經管制，稍見穩定，但陰曆年後必定上漲，經濟前途萬分可慮。

1月31日　星期六

印度甘地先生在昨天參加晚禱會時，被一個印度教徒的極端分子連擊三槍而殞命。因為甘地這次為了呼籲印回和平，作最後一次絕食，終因甘地偉大感召，印回停戰。一部分印度教徒反對和平，他們認為只有流血纔能洗雪印回間冤仇。終于昨日午後五時四十五分（新德里時間），在柏拉別墅寓邸逝世。甘地七十八歲，印度教精神上的領袖，他奮鬥一生，曾坐獄三次、絕食十五次、遇刺四次。甘地一生為印度獨立而奮鬥，為人類和平而奮鬥。甘地噩耗傳出，震驚世界，他既為印回和平而犧牲，印回從此多事矣，吾為印回前途悲。午後晤張文白兄，計談一時半之久。其大意：

（1）對時局不能樂觀。

（2）他請我任西北民生實業公司董事長，我力辭。

（3）他擬赴蘭州暫住，因赴新疆很多不便，我表同意。

（4）我請張任邊政學會名譽理事長。

（5）就歷次談話情形觀之，彼此對于新疆主張漸趨一致，余強調余主政新疆政策並未失敗，乃是軍事的失敗。今日新疆尚有如此局面，這是政治之收獲，今日東北鬧成如此危局，確是政治、軍事同時失敗之結果。

2月1日　星期日

今日在家休息，天氣陰寒。

2月2日　星期一

上午九時出席國民政府月會，孫副主席主持行禮，並報告。對于國民大會選舉，認為很多不妥。今晚七時陸心亘來晤，轉張文白兄意，堅請余擔任西北民生實業公司董事長。談一小時之久，考慮再三，當前不便擔任。葉偉珍兄現在含山任中學校長，昨日來京。今來見，暢談該縣風景與歷史，並云該縣有煤礦，惜未探測。

2月3日　星期二

陸心亘、端木文俠再來談西北民生實業公司董事長事。余為對張文白兄私人感情計，不能拒絕過甚，無已，只有暫任常務委員，如文白董事長缺席時，由余代行其職權。余所以不能即時任董事長，其理由：

（一）該公司性質不明（隸中央，抑屬西北行轅）。

（二）文白係以西北行轅主任權勢辦理該公司，我無此權勢。

（三）該公司人事複雜，一時不易調整。

2月4日　星期三

張文白兄約午餐，並約西北民生實業公司董監事及負責同人與余見面。文白兄于席間致詞，聘余為公司常務董事，並云該公司之創辦，實為余新疆主席任內所建議，今屆任常董一席，此種精神，深堪敬佩。余繼謂，此公司發起之動機，因深感新疆孤懸絕塞，該地一切用品多取給于蘇聯，新省人民幾不知有中國，長此下去，危險殊甚。萬一即有政治、軍事之收獲，若無經濟之配合，其收獲決不能長久，故有此實業機構之建議。今承聯為常董一席，自當隨諸君子之後，竭盡棉薄。凡百公司，首重制度，人事、會計、稽核三部份尤需建全，能如此，則一切業務自易進行，而成效立睹也云云。

2月5日　星期四

昨日落雪，今日立春，而天晴，乃豐年佳兆。國民大會選舉糾紛，迄無解決良法，夜長夢多，頗招物議。法律、黨紀都以破壞，只有用感情來挽回與補救，中央決採勸解互讓辦法。現全國有問題約四百多處，內安徽約二十多處，故派余與邵華兄調解安徽部分。此種辦法，必無結果，中央當事人為減少責任，用此推拖方法，殊為不智，尤令人可笑。黨如此腐敗，其他可想而知也。

2月6日　星期五

上午十時出席國務會議，蔣主席親自主持。接見新疆監察副使田生芝，他是陝西人，他久在新疆服務，因案入獄，余主新時將其釋放，並派工作（田號紫珊）。

2月7日　星期六

偕馴叔乘上午八時車，回蘇州度陰曆除夕。午後偕文叔到觀前遊覽，因物價高漲，市面蕭條。

2月8日　星期日

天晴。清晨訪羅偕子先生，談現在大局，認為當前想不出好辦法，看軍事之轉變。

2月9日　星期一

天氣晴暖。園中紅梅正待開放，今年農曆有閏月，故春來較早。昨年除夕，申叔病（傷寒）初愈，不能下樓，馴叔因病不能回蘇州。今日除夕，彼二人身體比去年強健，都在蘇州，我與惟仁夫人身體亦強健，實最難得農曆除夕。

2月10日　星期二　戊子年元旦

昨夜、今朝砲竹連天，大家送舊年接新年，仍是熱烈，似有昇平氣象。但願今年能平安過去。午十二時，招待偉國夫婦及翁如新午飯。

2月11日　星期三

約羅偕子、梅佛菴、陳鳴夏、王靖侯、曾影毫諸老朋友午餐。羅、梅年過七十，陳、王、曾年六十七、八，余年六十五，真是六老相會。相約明年今日仍如此相會，言下對于時局多有可慮。皖保安副司令張湘澤來拜年。據云現在遍地皆匪、遍地皆兵、遍地皆難民、遍地皆收稅人，主張每省軍政一元化，速救民于水火。蔣偉國上午來晤，談及馴叔與翁如新婚姻事，據云翁已有對象。余曰此事係由余發動，倘成事實，更可加強翁、蔣、吳三家關係，蓋如新是你母親寄兒，馴叔是你母親寄女。余對如新印象甚佳，今如新自有對象，不必勉強可也。

2月12日　星期四

乘上午八時車回南京。午後約邵華、陳方先研究國大代表退讓辦法。據陳云已在安徽勸告，未收效果。

2月13日　星期五

上午、下午都是研究國大問題，想不出好辦法。姑且分電皖省有問題廿一縣，及農會，及婦女團體，大意此次國大代表選舉結果退讓辦法，業經皖省會報，李鶴齡、陳方先兩同志分電勸讓，茲以時間迫促，不及約談，用再電達。至希台端本精誠團結之精神，慨允退讓，于三日惠復云云。此次大選何以鬧得如此之糟，都是自私自利，主張不定，尤其中央常會無重心、無秘密，這是最大因素。一直到現在，大家尚未覺悟，可嘆、可嘆。

2月14日　星期六

上午與李崇年談一般經濟情形。午後四時訪曾慕韓兄，他病雖較前稍好，但仍未能起床。他有節略一件託轉蔣主席，又謂華盛頓接洽軍火，若不獲成功，請蔣主席可否走東京麥阿瑟途徑。談一時半之久，他異常興奮。

2月15日 星期日

午後與端木文俠、江漢羅研究民生實業公司現在與將來之做法，嗣到公司查明內容，再行決定。余唯一主張，增加民股，做到名實相符官民合營公司，否則純官營，吾人必無做法，倘勉強應付，于功于私必無結果。

2月16日 星期一

上午參加中央紀念週，外交部王部長報告外交。大意謂，美國在勝利後，至昨年十二月為止，主張先謀世界和平，再謀政治、經濟之恢復，這個計劃已經失敗，自今年起，改為先謀恢復，再謀和平。我以為這都是空話，還要失敗的，必須準備武力，纔能解決問題，纔能和平。紀念週後出席政治會議臨時會，國防部白部長報告軍事。他說共產黨軍事計劃，佔領東北、鞏固華北、闊大華中、進攻華南，我們軍事嚴重性，超過抗日嚴重性。蓋共黨有主義及各種組織，尤其是黨能指揮軍事、政治，縣長都有武力，倘軍隊戰後調開，縣長仍可維持地方，我方則反是，何能言黨、政與軍事不能配合。

2月17日 星期二

午十二時招待西藏商務代表團團長夏古巴，他官職是子本（銀局總辦），團員長慶，他官職是堪穹，團員蘇康，他官職代本（武官，如內地團長），團員邦達養壁，他官職亞東商務總辦，他是西康人，漢名羅紹亭，能說國語。他是西藏唯一大商人，與我亦係熟人，並約西藏駐京代表等作陪。為優遇邊人，酒席十分豐富，共用去五百四十餘萬元。晚間陳立夫兄來晤談，對于國大選舉糾紛尚無法解決，對于當前經濟力主改革幣制，我亦深以為然。

2月18日　星期三

上午九時出席中央常務會議，並研究國大選舉問題，都認為此次調解退讓又告告敗。王委員寵惠發言，應以法律為重，不管簽署、友黨、提名，要以人民意志為重。晤東疆獻旗代表堯樂博士等。又晤喜饒嘉錯格西，暢談西藏內外情勢。

2月19日　星期四

上午，陳立夫兄來晤，談二小時之久，都關黨務、政治。余力主黨內團結，方可應付敵人，與領導各小黨。我又表示我將來擬多做社會經濟事業，不擬再幹政治，他表示願將農民銀行交我辦理。答曰我想辦工廠，他這好意，我甚感激（陳現任農民銀行董事長）。

2月20日　星期五

宋世科（志元）隨余在西南革命多年，性情忠厚，因抗戰初期吳中英等在合肥慘死案，牽涉志元，合肥法院傳其到案。宋以此案當時是軍方辦理，他不知案情，特來京請余指示。余為中英都是合肥人，都是我的朋友，主張調解。今午約宋午飯，並約金幼洲、張海洲、葉粹武等，他們都是昔年隨余在西南革命的，可惜當年內部未能團結，前途大受影響，良可慨嘆。

2月21日　星期六

中午十二時，東疆獻旗代表堯樂博士等向余獻旗，余招待彼等午餐。午後三時出席普濟墾殖社理監事會，該社桐城一帶堤工因受匪擾，既損失，又耽誤。

2月22日　星期日

上午回看高一涵先生，他原任甘、寧、青監察使多年，成績優良，嗣調兩湖監察使。伊學術優良，為不可多得之才，余任皖主席時，曾保其任教育廳長，未蒙當局採納。午後西北民生實業公司業務處長程萬年、滬分公司副理張一真（文白大公子）來報告公司內容，甚為詳細，對于公司過去設施深為不滿，主張裁員，並更換高級人員，請余速到公司辦公。余曰一俟公司般進新屋，當即前往，現公司房屋太小，無法辦公。

2月23日　星期一

上午九時出席中央紀念週後，與白部長健生談最近軍情，他說所以軍事不利之原因，是更換將領太欠考慮、太欠公平，與夫進攻太急。當前亟應在人事方面用大公無私之態度，大大調整，一面發動地方人民武力。

2月24日　星期二

甘肅省主席郭寄喬兄今晨到京，即來晤談。他到甘一年有餘，地方安定，決非其他各處不時變可比也，余告其萬不可輕于離開甘肅。午十二時同在楊月生家午飯。午後端木文俠、陸心亘偕西北民生實業公司張靜愚來談，余對公司業務有所指示，對于人事主張裁減。

2月25日　星期三

上午九時中央大學政治學正教授趙理海偕沈兆麟來談。趙在燕京大學畢業後，赴美國入芝加哥大學，得碩士學位，再入哈佛大學得博士學位。此人學問確有根底，亦係受舊家庭教育之出身，余對其印象甚佳，當謀進一步之認識也。午後偕麗安及庸、光兩兒到陵園看梅花，小部正在開放，今年花較昨年多，而天氣溫和，甚為舒適。

2月26日　星期四

天植、和俊兩侄昨日由家到京，今晨來見。研究家鄉辦學事，決定將救濟總署所撥之麥粉出售，先將吳店小學恢復，一面在合肥城內先購地皮一處，以備籌辦中學之用。他們擬以此中學為余紀念，用余名為學校之名，余覺似有未妥，如必須紀念，可俟余作古後，再改名可也。

2月27日　星期五

上午十時出席國務會議，蔣主親自主席。主席此次古牯嶺休息兩旬，昨始返京。午後回拜東北耆宿，張作相、萬福麟、馬占山、張元夫諸氏。現在東北形勢日急，四老奉召來京，有所商討。總之東北演變到今天原因：

（一）迷信外交。

（二）誤于和談。
（三）沒有高度運用偽軍和民眾武力。
（四）對投誠人員沒有適當運用。
（五）官民脫節。

2月28日　星期六

孫錫三、李崇年今晨由滬到京，報告中孚銀行及中福公司最近營業情形，認為通貨高度膨脹，百物直線無止境上昇，凡百銀行、公司開支大，應付難，這是應有之現象。現膨脹似已至最後階段，將來通貨收縮，必定更有甚于此者。吾人要積極研究，如能在大風浪中，求得小生存，則大幸矣。

2月29日　星期日

錫三、崇年上午再來晤談，有關于中福公司增資，及分配各董監事紅股，余批交錫三、崇年、包培之三董監事擬議辦法，以示大公無私。又通惠實業公司是中孚銀行大股東，該公司自成立以來未立案，錫三等擬將該公司名稱改為惠聯公司，從新立案，余表示贊同。端木文俠約余及崇年、錫三等在馬祥興回教館午飯。崇年、錫三今夜車回滬。

3月1日 星期一

上午九時到國府參加三月份月會，居院長主席，並報告司法，語氣中對于司法很多批評，對于司法行政更多不滿。上午十時至主計處，與徐主計長可亭談我此次加入民生實業公司之經過。我擬將該公司將來辦至官民合作之事業，如純是官營，我決退出，徐甚表同情。午後拜訪首都衛總司令孫仿魯兄，他新由河北省主席調任總司令。

3月2日 星期二

晤俄國人歸化中國籍索比樂夫，他是在新疆歸化中國，任新疆歸化族文化委員會主任委員。嗣余離新後，改組新政府，蘇聯駐迪化總領事要求解散歸文會，新疆省政府為和好蘇聯，將該會解散。有堅決不願回蘇聯籍者，紛紛入關，有到上海男女老幼一千餘人，索比樂夫即是其中之一人。他想將此等歸化人從新組織，效忠本國（中國），請余介紹，余允致函上海社會局吳局長關照。這一般歸化人，都是很能吃苦耐勞，我們應該另眼看待，以安其心。他們對我都是很好的，我在公在私，都應為他們幫忙。午後四時晤曾慕韓兄，他臥病數月，現始能勉強起床。今日所談有關國民大會諸事宜，主張國大應于三月廿九日如期召集，以崇民信。

3月3日 星期三

今日係三月三日、星期三、古曆廿三，真湊巧，是四個三。適薩家灣西北民生實業公司新屋落成，昨始遷進，余于今日上午十時，偕端木文俠、周彥龍前往公司，此四三日值得我到公司之紀念。公司新屋富麗堂皇，惟尚未佈置妥當，擬改日再到公司實行辦公。公司董事會聘周彥龍為秘書，余又一面電張文白兄，告以今日已到公司。余目力大不如前，今日上公司台階，偶一不慎，向前跌倒，幸未受傷，此後要特別謹慎。郭寄嶠午後來談，蔣主席以東北情形緊急，擬派其赴東北幫助衛總司令立煌，他堅辭不去，惟久住南京，確有不妥，擬今晚夜車赴滬，再轉飛蘭州任所。

3月4日　星期四

今日天晴，整理日記，未出門。

3月5日　星期五

印度聖雄甘地先生于本年一月卅日在新德里逝世，首都文教各團體發起之甘地先生公祭大會，祭堂在勵志社大禮堂，余前往參加，計到中外人士一千餘人。十時開祭，蔣主席親臨主祭，儀式簡單隆重，歷七分鐘禮成。

3月6日　星期六

天植、和俊兩侄，日前赴蘇、滬，昨日回京，擬明日回皖。關于吳店小學，他們已商定積極恢復，其小學名稱用惟仁二字，以紀念惟仁夫人。因惟仁為人慈祥，對于家鄉子侄、親友關照之處甚多，尤其幫助余一生革命大事，共患難，吃辛苦，令我刻不能忘，今以此小學為紀念，我十分贊成，亦可稍了我的心願。至于將來擬在合肥先購地皮，籌辦中學，其中學名稱擬用崇信二字，甚為妥當，如能將崇信中學辦成，亦是余最大心願也。

3月7日　星期日

余立奎（石如）民初隨余革命，余統軍西南，復隨軍作戰，任連長、副團長、縣長等職，頗著勛績。十餘年前因事牽涉入獄，羈押十二年又三月，最近獲釋出獄，昨由筑抵京，今晨來謁。余甚為欣慰，備加訓導，並勉之云，現應表明態度，堅持始終服膺國民黨，竭誠擁護蔣主席。你年已六十，須善自修養身心，待機報國，能如是，前途幸福無量。彼深領悟余言。

3月8日　星期一

上午九時出席中央紀念週。「人到無求品自高」，這句古俗詩，很有深意，但一個人生在這個變化無常大世界，是不能不求人的。但求人要至萬不得已，要有分寸，先要看人家是否有力量，是否願意，萬萬不可勉強。要善于說法，善于運用，以不失人格為唯一之原則。假定人家幫你的忙，你不可忘人家，遇有機會，你要報德人家，你如有力量，要隨時隨地替人家幫忙，替大眾服務。

3月9日　星期二

補記一月廿九日與劉東岩兄（青年黨）之談話，余集中下三點發表意見。

（一）民主政治之理想

認為中國近四十年歷史有四大潮流：

甲、辛亥革命，其目的推翻滿清、建立共和。

乙、國民革命，其目的在打倒軍閥、革新政治。

丙、抗戰禦侮，其目的在抵抗暴日、復興國家。

丁、民主立憲，其目的在制憲建國、勵行民主。

以上甲、乙、丙三項是國民黨五十年革命對象，都能逐步完成，功在國家，非任何人可以否認者。蓋自抗日勝利後，國民黨結束一黨執政，還政于民，聯合各友黨推行民主立憲，這是當前對內外唯一良方，除此則無路可尋。非民主不足以轉移國際觀瞻與同情，非民主不足以挽國內的人心，非民主不足以應付共產黨，我們如不澈底推行民主，則前途未可樂觀。

（二）國民黨與友黨之關係

國民黨既結束一黨執政，建立民主政治，所謂民主者，多黨運用之政治也。中國除國民黨外，其他友黨尚在生長時期，因此國民黨必須幫助友黨、培植友黨，這是顛覆不破的道理。現在國民黨仍是唯一大黨，居領導各友黨地位，決不是利用各友黨，而各友黨亦要深明斯旨，真誠合作，然後政黨政治始可形成，民主立憲始可鞏固。

（三）政治家（君子人）應以爭取主張、實行政策為目的，政客（小人）以爭取地位、圖私人利益為目的。譬如英國保守黨首領邱吉爾，功蓋全英，雖戰後選舉結果，工黨崛起極力左傾，而邱吉爾主張反蘇如故，力圖推翻工黨內閣。近因工黨覺悟，漸知親蘇非計，貝文外交政策已與邱吉爾外交政策相合，邱吉爾遂表示擁護。其光明磊落之態度，令人可佩，政治家之作風，固應如是也。

3月10日　星期三

上午九時出席中央政治會議。

3月11日　星期四

上午九時出席中央臨時常會，本黨六屆五中全會，決于國大期間召開，下週中常會將選定日期。又討論總統、副總統選定問題，不同之意見共有兩種，一派主張自由競選，另一派主張政黨提名，最後決議將此問題交五中全會討論。午後三時出席西北民生實業公司常務董監事聯席會議，由余主席。推定余與端木文俠、陳良（初如）三常務董事常駐公司辦公。又通過常務董事會章程，及其他種種案件，至六時散會。余強調建立制度、調和內部，該公司先天甚厚，如能和衷共濟，努力邁進，前途當可樂觀。

3月12日　星期五

上午十時出席國務會議，決議本次國民大會定名為第一屆國民大會第一次會議。又決議省縣自治通則草案全案，發還行政院，俟依憲法產生之立法院成立後，資送審議。又決議國府設置戡亂建國委員會，並在各地設置分會，網羅各界人士（這是國大選舉失敗，擬將一部人士無設解決者，納入此會，此乃不得已的辦法，能否收效，且看將來）。又決議將中國紡織公司、招商局，以及敵偽產業，共約值四億美元之國營事業，統交中央銀行作為發行紙幣之準備（這個計策很好的，是救急的，但要人民相信方可有效，否則辦法最好，辦事人為私，還要失敗的）。午後八時中央銀行總裁張公權約余與陳光甫兄晚餐，並與他新夫人初次見面。飯後，彼此暢談當前軍事、政治、經濟都到很為難關頭。

3月13日　星期六

乘上午八時車回蘇州，午後一時半到家。園中梅花將開過，尚有殘花，杏花、玉蘭花正開放中。正值居院長覺生兄昨日來蘇遊覽，住在蘇家，蔣老太太約余等晚餐。余與居藉此機會暢談卅七年來之舊交，與夫當前時局之艱危，不甚有不堪回首之感也。居本晚九時車赴滬。

3月14日　星期日

昨日午後、今日午前都與佶子先生見面，他擬于六屆五中全會開會時，前往南京出席。他對我政治前途，仍主張順應自然。

3月15日　星期一

偕文叔乘上午十時車赴滬，車中遇陸心亘等，中午十二時四十分到滬。

3月16日　星期二

上午偕申叔訪居院長覺生夫婦，申叔係居夫婦寄兒。又孫碧威案已經高院宣判不起訴，而檢察官不服上訴最高法院，故順便向居表示公道。午後出席阜豐麵粉公司董監會。

3月17日　星期三

上午到中孚銀行辦公，又到西北民生實業公司滬分公司視察。下午七時周佩箴兄約晚餐，並有居院長夫婦、何千里夫婦在坐。佩箴係余老友、老同志，性情和平，現任亞東銀行董事長。千里兄亦多年未見面，現在從事商業。

3月18日　星期四

上午十時半陳光甫兄來晤，計談一小時之久。他認為軍事、政治、經濟三部門都至極困難階段，假定有一部門能不失敗，尚可維持局面。

3月19日　星期五

上午到銀行辦事。晚七時孫錫三兄在範園約晚餐。華新水泥公司改選董監事，推余為董事。該公司有在昆明、湘西兩廠，在大冶有大廠一個，正在建築中，該公司前途大有希望。

3月20日　星期六

午十二時招待陳光甫、張公權、朱汝堂、伍克家等午飯，以奚曙、錫三、崇年、元龍等作陪。午後三時出席阜豐股東會，選舉李崇年、□□□等為董事，孫季羣為監察。南京來電話，蔣主席約見，擬明日午後一時半車回京。原擬在滬多住日，藉資休息，因此只得作罷。吳天民醫生約余及文叔、申叔等晚餐，並有青年黨李璜（幼椿）、何魯之（現任國府委）在坐。飯後與李幼椿兄大談時局，彼此所見大致相同，都認經濟最為危險。

3月21日　星期日

孫仲犖約午飯。乘午後一時半車回京，車中遇喬一凡、姚味辛。

3月22日　星期一

上午九時參加中央紀念週，並主席領導行禮，由水利部薛部長篤弼報告水利。十時晉謁蔣主席談話（另有記載）。十一時訪曾慕韓，轉述蔣主席關于國大代表問題，尊重國法之意見。午後新疆總司令宋希濂日前回京，特來晤談。據云目前新疆局面尚屬平穩，軍隊亦已加強，計有步兵六個旅，騎兵十四個團，其實力較余在新時增加數賠。白部長健生連日來訪，適余外出未能見面，余特與白約今晚八時半見面。其談話：

（一）他明日飛漢口佈置軍事，因赤軍近有三個縱隊

（約五、六萬人）將渡淮河南進。

（二）軍事迭次失利多半關係人事，自抗日勝利後，剿共軍隊損失將一百個師，其數字駭人聽聞。

（三）有關李德鄰競選副總統事，託余幫忙。

記三十七年三月廿二日上午十時與蔣主席談話紀載

（1）主席云此次國大代表，中央提名與簽署當選者之糾紛問題。經余再三考慮，認為第一次國民大會，如即違背憲法，甚覺不妥，自以國法為重，黨紀次之，將來對於中央提名而未獲當選者，一體准予列席。屬與青年黨領袖曾慕韓接洽，希望青年黨亦如此辦理。

（2）主席問副總統人選何如？我答以此問題很複雜，現已經公開競選者，有數人。主席云由黨提名很不容易，或自由選舉何如？答曰此事尚須詳加考慮。

（3）我說此次選舉，確未辦好，中常會無重心、無秘密，遇事動搖，各為其私，都想取巧。無論辦理任何一件事，都不應取巧，辦小事取巧尚可馬虎過去，如辦選舉，此是何種大事，還要取巧，焉得不失敗。主席甚以為然。

（4）我謂徵兵流弊甚大。湘軍、淮軍之所以能打平洪楊捻匪，就是能團結的原因。湖南的人當兵都知道歸湖南的某人統領，淮軍亦如是，所以對於到處裹脅民眾、到處流竄之洪楊捻匪能一掃而平。我們現在徵兵情形如何？譬在某鄉徵兵，以

一十八、九歲之小孩，明日即開赴他地，其家庭自不放心，而其本人初離鄉土，甚感惶懼。且此小孩根本未出過門，莫名其妙，隸屬何部，毫無關係，孰無家庭關念，而音訊毫無，情緒惡劣，所以影響士氣，影響人心，妨礙作戰力量。例如我在西南所帶的兵，是打不散的，且能作戰，你是知道的，就因為我自己招的安徽兵很相信我，無論到什麼時候，都跟著我。主席說是很對的。我又說不要怕人家罵我們是封建的，所謂自由、平等、民主等這些口號，往往用得不好，即是替共產黨宣傳的。我治邊十年，是因勢利導的，他們都以為我太封建專制，這是不對的，而我卻不為他們所動搖，所以邊疆未鬧出什麼事。例如西班牙佛蘭奇，大家都以為他是獨裁，但現在要利用他獨裁來反共。凡百政治，是講當時需要的，不要聽人家隨時批評而動搖的。主席說很對。

（5）我們各方軍事之失利，大概是求之過急的原因。主席說是的。我又曰假如十天行程，叫他六天、七天走，或可辦到，如作三天走，則不可能的，如勉強去作，則後方接濟必定來不及，我打仗是注意布置後方的。主席云很對的。

（6）勦匪這件事，我從歷史看來，多半要用懂得聖賢道理的人才，纔能成功的。例如曾國藩勦洪楊之役，用江蘇巡撫李鴻章、浙江巡撫左宗棠、江西巡撫沈葆楨等。明朝平宸濠之亂，是用王陽明的。可以說他們都是聖賢，如張江陵亦是聖賢，不過他矯枉過正，我們今日各省當局何如，不能同他們相比的。主席說很對的。

（7）此次國民大會閉幕以後，改組政府，一般老的人，都應退出，連我在內。現在四十歲至五十歲以內的人，人才非常之多，假如畀之以事，都能盡職的，如其不行，早已被淘汰了，既佔得住，可見其仍是有才幹的。所有政府各部們鬧得如此糟，就是因為領導不得人，你要趕快物色領導人才。主席說很對的。

（8）主席問各方面對現在局勢看法怎麼樣。答曰當前經濟最重要，美國既有十二個月之經濟援助，我們再能獎勵出口，整理稅收，或可勉強支持。整理稅收，不是加稅，現任財政部長人是很好的，但他不懂財政。主席云何人任財政部長好？我說意中尚無此人。

（9）我說現在蘇聯，是用軍事、政治鬥爭兩種方法，在某種場合，是用事事的，某種場合，是軍事、政治並用的。至如對美國，純用政治的，希望不流血，革命成功。美國人現已知道了，美既反共，對我們必幫助，是無疑問的。主席云是很對的。

（10）余云前次所談葉元龍兄，現已當選國大代表，並在中孚銀行任常務董事。主席云他學什麼？我說經濟，尤其懂稅則，在教育界多年，學生很多。胡適與他關係密切，他們同是徽州人，最好將來改組政府時，請胡擔任一職務。主席云他不肯從政，奈何。答曰胡同陳光甫、葉元龍都是好朋友，將來可請其從旁勸他。主席曰很好，並云葉為人很爽直的，改天約他見面。我又曰李崇年現亦在中孚任常務董事，他很有才幹的，在他未到行之前，連開支都不夠，自他到行後，現已很好了，此人亦可用之才。主席云將來亦好同他見面。

談至此，主席精神尚興奮，予以為時已久，即興辭而出。

附錄與曾接洽後致蔣親筆函

主席鈞鑒：

頃訪曾慕韓兄，業已晤談。渠云青年黨幹部現均赴滬，已屬彼等即日返京商談。又國民大會如到期不克開幕，稍展數日，亦無不可，但會期極宜縮短，應在四月內結束等語。敬叩，鈞安。

再陳者，民社黨張君勱已出國，渠黨內主持乏人，意見不能一致，甚恐越出軌外，尚須善為應付。

3月23日　星期二

上午陳立夫兄來談國大代表糾紛問題，請余向青年黨說話。余曰此次選舉辦理太糟，要承認失敗，此時只有研究補救方法。午後北平行轅主任李德鄰兄到京，隨即往晤，他對于競選副總統情緒非常熱烈，大有事在必成之勢。

3月24日　星期三

偕端木文俠到西北民生實業公司。與葉元龍作二小時之談話，研究經濟問題。他認為目前不是經濟問題，乃是財政問題，因財政紊亂，以致財政失敗，仍要從財政著手，以挽救經濟危局。他擬日內作意見書，請蔣主席參考。午後晤曾慕韓兄談選舉問題，他並介紹青年黨秘書長于復先與我見面。于山東濰縣人，留學德國。回拜安徽李主席，順談安徽匪情。

3月25日　星期四

午後李德鄰兄來談二小時，暢論他競選副總統之動機，託余幫助。劉東岩來告，青年黨幹部已集議，關于國大代表簽署與提名二者，只有一人任正式代表，餘一人可准列席一節，認為法律、事實都感不便。隨即將此意轉報蔣主席，似此則余之調解告一段落，問題還是沒有解決，奈何。

3月26日　星期五

上午十時出席國務會議，關于金沙江西岸十三縣代表選舉糾紛，蒙藏委員會及余最早即認為該十三縣既為藏軍久佔，此次選舉可以緩辦，但西康省府一再無理請求，中央乃允照辦。現在西藏國大代表提出反對，請予複議，否則該代表等不出席國民大會。今日國務會議令西康所選十三縣代表暫緩來京，這是中央最失信用的一件事。余即將金沙江西岸為藏軍佔領之經過說明，更批評此次西康所選西岸代表，並非各該縣人民，乃係漢人高級官吏，殊為滑稽。其結語，就是講情面、為私利，所以辦得如此之失敗。于院長右任競選副總統，託余幫忙。武漢行營主任程頌雲（潛）午後來晤，亦是為他競選副總統事而來者。

3月27日　星期六

上午九時出席國府政務官懲戒委員會，關于監察院呈劾前行政院善後救濟總署署長霍寶樹違法，請付懲戒一案，決議不予懲戒。惟出以私函，手束究有未當，姑念情節尚屬輕微，從寬免議。上午十一時，甘肅財政廳長李子欣兄陪余到莫愁路眼科有名醫師林文秉處，檢查余之目光，據云是高度近視，並無其他毛病。聞之甚為安慰，如此情形當不致雙目失明，余不食煙酒及無其他不良嗜好，乃保護目光唯一之道也。李廳長是林醫生好朋友。午後五時曾慕韓兄再約余見面，仍談國大、立法選舉問題，仍未得結論。

3月28日　星期日

孫錫三兄今晨到京報告：

（一）中福企業公司股東名冊。

（二）通惠公司改組計劃，及新成立惠聯公司董監名冊。

（三）送中孚銀行董監去年車馬費各一千萬元。

中午約錫三在祥興午餐。午後馬超俊兄（星橋）來訪，為孫哲生兄競選副總統事，託余幫忙。李德鄰亦來談競選事。偕錫三及端木文俠遊五洲公園，留彼等晚飯。糾紛數月之國民大會選舉問提，蔣主席本日（廿八）發表聲明，使用其權責，以命令式解決此問題，其勇敢與毅力令人可佩，茲將其聲明黏于後，可為後世歷史資料。

解決國代當選問題　蔣主席發表聲明
應依選舉通例得票多數當選　與友黨間問題政治方法解決
中央社訊

蔣主席為解決國大代表當選問題，於廿七日發表聲明如左：

此次國民大會之召集，具有兩種意義，其一為行使憲法所賦予之職權，完成民選政府之組織，其二為結束其一黨負責之政制，使全國和平合法之政黨，循憲法所規定之軌道，共負政治責任，導國家於民主憲政與政黨政治之境域。

余為國民政府主席，在民選政府尚未成立以前，對國家負有責任，余又為中國國民黨總裁，對中國國民黨及國民革命完成憲政之目標，亦負有責任。國民政府樹立民主憲政規模為一貫之方針，余對於國民政府與本黨之決議皆負貫澈之責，亦有執行之權，茲當國民大會開會之前夕，若干代表當選資格，因政治與法律觀點之不同，而尚未解決者，余乃負責予以解決。余以為本黨同志相互間的問題，應依一般選舉之通例，得票比較多數者當選，至本黨同志與友黨候選人之間的問題，則應以政治方法為解決，本黨同志應本於尊重政黨協議與政黨提名之精神，放棄其當選資格，俾友黨候補人膺選，惟有如此，始能符合召開國民大會的宗旨。

自國父倡導國民革命，迄今五十餘年，在此五十餘年之中，革命先烈與殉國英靈，拋頭顱，灑熱血，前仆後繼，再接再厲，其目的即在於實行民主憲政，而召開國民大會，成立民選政府，實為民主憲政之重大關鍵。今日國家局勢至為嚴重，共匪毒焰如此梟張，惟有我全國仁人志士共同維護憲政之尊嚴，確立民主政治之基礎，亦惟有我全國愛國民主黨派共同遵循政黨政治之軌轍，互讓互諒，通力合作，成立憲政政府，遵守憲法，負起保障人民自由執行基本國策，保持國家領土主權之重責，始能克服艱危，完成戡亂建國之使命。余為國為黨，為革命歷史與革命權責，茲已將有關之代表當選證書，令選舉總事務所，依前述兩項原則，分別頒發。須知選舉固為選民表示意志之方法，而紀律則為革命黨員所必守，余今日根據黨的協議，依照黨的決策，信守黨的諾言，執行黨的紀律，對於本黨同志應否當選代表，能否出席大會之問題，行使黨章所賦予總裁之最後決定權，予以決定。此係代表中國國民黨集體之意思，應無悖於選舉法規制定之本旨，為功為過，聽諸公論。際此國家實施憲政肇始之時，但求有利於國家，有補於戡亂，有裨於憲政，有助於政黨之合作，則本黨同志應奮發本黨黨員為革命不惜犧牲一切之傳統精神，對於個人之利益，無不可以犧牲。深望諸同志體念黨的決策，遵守黨的紀律，犧牲小我，顧全大局，協助中正解決此遷延不決之問題，個人雖因退讓而不能參加國民大會，而其對于民主憲政所著之成績，由於忠黨愛國所享之榮譽，必不在出席大會者之下也。

3月29日　星期一

國民大會今日舉行開幕式。清晨九時全體已報到之國代表一千六百七十九名，前往紫金山恭謁國父陵寢，十時致祭革命先烈。十一時二十分國民大會由蔣主領導舉行隆重典禮，全體國代宣誓。蔣主席致詞勉代表，深望忠實表達人民意志，鄭重行使憲法賦與職權，這是我國有史以來劃時代一件大事。晚八時參加黨團中央幹事會，安徽國大分七小組，派余與張宗良、李仁甫總理籌備其事，因國大代表人數太多，組織小組，便于運用也。

3月30日　星期二

國民大會今晨九時第一次預備會議，余準時前往出席，推胡適擔任臨時主席，討論主席團，發言者甚多，均以廿五名太少。經三小時之久，未得結果，明日再行續議。午後三時出席第一屆國民大會安徽代表聯誼會，通過簡章，至六時散會。

3月31日　星期三

上午九時出席第二次預備會議，經二小時紛擾擾之主席團名額問題，認為廿五名太少。經表決，多數主張交立法院修改，增加名額。晚八時出席中央幹事會。

4月1日　星期四

上午十時出席國務會議臨時會，通過修改國民大會組織法第五條，關於主席團人數不作硬性之規定，並交今日下午三時立法院臨時會中完成立法程序。訪李德鄰兄，告以皖學生反對皖主席李品仙，聲明余之立場。

4月2日　星期五

蔣主席約十時半見面，談總統、副總統問題，他想任行政院長，余強調立法權太大，行政權太小，隨時有傷尊顏可能，仍主他任總統。至于副總統人選，意在孫哲生（科），他想以黨外人任總統，余主考慮。計談三十分鐘。嗣談安徽反李主席事。余曰李就是想做好，亦無法做好，安徽人想幫忙李，亦無法幫忙，早成僵局，無法調解，只有將李調開，另派與桂派接近人去接替。蔣主席曰現在大別山軍事重要，桂軍正在該處剿匪。下午二時出席中央政治會議臨時會，通過五省市首長：四川省主席王陵基、貴州省主席谷正倫、湖北省主席張篤倫、江西省主席胡家鳳、重慶市長楊森。

4月3日　星期六

昨日上午九時國民大會第四次預備會議，將僵持達四日之主席團選舉辦法，于正午十二時十分通過。主席團主席八十五人，候選人每單位推一人，每十位代表合推一人，用無記名單記法投票選舉。下午五時半出席第五次預備會議，討論進行選舉主席團案。惟因臨時發現候選人總名單上有將候選人姓名遺漏者，選舉結果經宣告無效，改于五日補選。如此此等大事，如此結果。

4月4日　星期日

上午十時出席本黨中央執行委員會（第六屆）臨時全體會議，討論總統、副總統候選人問題，計到委員三百餘人。蔣總裁親臨主持大會，並鄭重宣布其本人不出任總統候選人，願負對于剿匪戡亂保障實行憲政之責任，願為一公務人員，不論文職武職，鞠躬盡瘁，為國效勞。總裁又指示，最好由本黨提出一黨外人士為總統候選人，各委員紛紛發表意見，主張總裁任本屆總統候選人。時已十二時半，宣告散會。下午三時繼續討論，仍一致主張擁護蔣總裁為大總統候選人，最後總裁提議交中央常會研究再提出大會。以當前國內外形勢，大總統關係十分重要，余是主張總裁任大總統，若任行政院長，對于立法院七、八百名立法委員無法應付，而對總統府亦有時發生困難。以總裁是國家元首地位，任院長實有左右為難之勢。總統有權任免行政院長，立法院有權不信任行政院長，若此，不但有失總裁尊顏，而且必須下野，其危險不能不詳加考慮也。

4月5日　星期一

上午九時出席第六次預備會議，選舉大會主席團，余等八十五人當選。此次大會預備會，所面臨之投票手續之困難，終以試驗性之精神勝利解決。下午三時出席中央常務會議，研究臨全會交議本黨應否推選總統候選人問題。經五小時之討論，決定建議臨時全會，仍推蔣總裁為第一屆總統候選人。會議者四十餘人正反討論，非常緊張。

4 月 6 日　星期二

在六次預備會議後，今日上午九時出席第一次會議，討論議事規則，又于十一時出席主席團會議，議論紛紛。午後四時出席中央執委會臨時全體會議第二次大會，通過接受常務委員研究報告，並遵照總裁指示，本屆總統、副總統，本黨不提候選人。茲將決議三點及常會研究報告黏于後。

（一）接受常務委員研究報告。

（二）遵照總裁本日指示，本屆總統副總統之選舉，本黨不決定候選人，本黨同志在國民大會中得依法聯署提名，參加競選。

（三）下屆總統副總統之選舉，本黨應於三個月以前召開全國代表大會決定本黨候選人，並通告全黨同志一致遵照。

會議至七時結束，吳秘書長旋宣布本次臨全會議閉幕。

常會研究報告

「中央常務委員研究結果報告」如下：

奉交研討本黨應否決定總統候選人問題，經集會審慎研究，同人等對於昨日總裁在大會指示，發揚總理天下為公精神，為行憲伊始，立選賢與能之良好規範，以及對戡亂建國積極負責，不計名位，為國家作實際有效之服務諸點，凡此偉大指示，全體同人，無不深切感動，惟鑒於當前國事之艱鉅，與黨內外期望之殷切，在事實上非總裁躬膺重任，不足以奠立憲政之基礎，再四籌維，敬向大會建議，依照昨日全體一致之表示，仍請總裁為第一屆總統候選人，並望我全黨同志恪遵總裁之指示，擁護總裁之決策，同心同德，真誠努力，不論在政治上，在社會上，均不惜犧牲個人，以貫澈本黨救國之精神，完成戡亂建國之大業。敬祈大會採納此意，作成決議，俾全黨同志，一致遵循，是否有當，仍祈公決。

4月7日　星期三

上午九時出席國民大會第二次大會，將議事規則討論完竣，歸納代表意見，再提大會表決。此種議事規則是很簡單，因大會人多，爭發言，至今尚待表決。下午三時出席第三次大會，將代表資格審查委員會規程通過，有主維持原案者，有反對審查者，又是爭論不已，浪費時間。于情于理，是應該審查的。晚八時晤陳光甫兄，談一小時，對于時局，很多悲觀。

4月8日　星期四

上午九時出席國民大會第三次大會，通過議事規則第一章，增列「國民大會開會時，得聽取政府施政報告，檢討國是，並得提出質詢建議」。這個決議是國大自行擴充職權，不免與憲法有所不合。下午三時再出席大會第三次會繼續舉行，代表王運明提出緊急臨時動議，要解決簽署代表問題。他說代表一千三百二十二位代表發言，現在絕食代表命在垂危。主席張伯苓說，不能變改議事日程。會場非常緊張，秩序非常的亂，這是會場第一次大風波。晚八時出席主團會議。

4 月 9 日　星期五

上午九時半出席第四次大會，蔣主席于十時到大會作施政報告，歷時一小時卅分。大意：

（一）必須正視現實，保障憲政實施，同心戮力，消滅共匪。

（二）黃金、白銀、外匯，政府掌握甚鉅，足能挽救危機。

（三）東北必能固守，西北決無問題。

下午三時卅分繼續舉行第四次四會，議事規程全部通過。

4 月 10 日　星期六

上午九時出席第五次大會，討論議事日程，各代表發言熱烈，會場秩序問題引起空前激辯。下午三時繼續舉行第五次大會，決定國民大會議事日程，十九日選舉總統、廿三日選舉副總統、廿四日閉幕。十日晚六時晤甯夏馬主席少雲，他主張在甘肅練新兵，鞏固關中，余表贊同，託余向蔣主席進言。七時晤曾慕韓，談一小時，多關于國大及立法事宜，他主張余任行憲後行政院長，余表示無此觀念（前次陳光甫、張公權均有此主張）。以我政治環境，是可以擔任的，但不能做好的。

4月11日　星期日

上午八時到中央飯店，與合肥國大代表（本縣及省內外，共當選男女八位代表），商討縣參議會來函託辦理諸事宜。訪陳光甫兄。午後三時黃季寬兄來談李德鄰競選副總統事，余以經過詳告，宣傳確有欠妥地方。又談安徽政治，並將余最近主張，以及最近致李主席電奉閱。計談二小時。晚八時出席國民大會主席團會議，關于國民大會政黨提名落選請願事，爭論很久，仍由大會秘書處函選舉事務所辦理。

4月12日　星期一

中央黨部本日上午八時，假國防部舉行總理紀念週，余準時前往參加，到中央委員及國民黨國大代表一千餘人。蔣總裁領導行禮後，即席致詞，說明召開國大意義，強調憲法不宜修改。國大要如期閉幕，保證共匪肅清後三個月再召開國民大會。國大不能另成機構，以免與立法院發生衝突。下午三時出席第六次大會，檢討軍事問題，各代表坦白發言，提出積極建議。尤以東北、華北代表追求東北失敗之責任，一片緊急動議聲，有人主張揮淚斬馬謖，希望當局明賞罰，收拾人心。山東代表趙庸夫，起來大呼，應請政府殺參謀總長陳誠，以謝國人，全場為之震驚。此一下午熱烈緊張的局面，如果詳細記錄下來，怕要上萬的字。中孚銀行副董事長孫章甫偕副總經理包培之，日前到棲霞山江南水泥廠開會，今午來訪。商定本月廿七日召集中孚銀行股東會，余擬屆時親往主持。孫等午後四時半回滬。晚七時往晤陳光甫、朱如堂，暢論通貨膨漲，非結束軍事，無法收束。本午十二時半，蔣主席夫婦招待新疆國大代表午餐，余作陪。餐後簡單談話數分鐘：

（一）轉告甯夏馬少雲主席，主張甘省練新兵二十萬，以保關中。蔣答曰可考慮。

（二）競選副總統有四、五個人，將來只有一人當選，其他四人應預籌工作，以免發生問題。

（三）國大閉幕後一星期後，立法院即行召集，應從速準備行政院長，提交立法院同意。主席連問，以何人任行政院長為宜，余答本黨此種人尚未養成。

（四）黨已失敗。

4月13日　星期二

上午八時出席國大主席團會議。九時半出席國大第七次會議。今日經濟報告，華北代表紛紛請繼續檢討軍事，情緒激昂，聲嘶力竭，堅持檢討軍事。最後主席請大會同意，允于今日下午檢討軍事，始告平息。由財政部長、經濟部長、交通部長分別報告。余因連日太忙，今又傷風，身體頗為不適，午後在家休息。于院長右任先生親自來訪，關于競選副總統事，託余幫忙。

4月14日　星期三

因傷風，未能出席國民大會。午十二時半招待班禪教下國民大會代表，並順約章嘉、迪魯瓦、喜饒嘉錯等。余雖傷風，只得免強參加。

記皖籍國大代表聯名為民請命

李品仙主皖十年，時遭反對，此與省籍上固不無關係，然其政績之不滿人意，當為真實原因之所在。本屆國大開會，安徽青年及其他各方又重興反李運動，余以安徽人民代表，及中央常務委員，及國民政府委員等地位，自不能再緘默不言。即以愛護廣西朋友而論，亦應盡我忠告，期其幡然改轍。且安徽米捐係余在主皖任中，深察其為害民之政，很費苦心，始予取消，今又藉籌措治安經費為名，予以恢復。而該項經費現雖由中央發給，而安徽米捐仍未停徵，尤令人大惑不解。爰于本月九日晚，與安徽全體國民大會代表六十餘人，由余領銜聯名致李一電，建議三事。原電如下：

安徽合肥李主席鶴齡先生勛鑒：

此間同人，茲向先生建議三事：

（一）目前安徽土匪遍地，請從速肅清，以固國本。

（二）糧食捐及一切不合法捐稅，必須立刻取消，以舒民困，並請將已收款目，公告社會。

（三）現在憲政開始，縣長人選，關係至重，務請儘量選用皖賢，以培植自治基礎。

特此奉達，即請電復，並頌勛祺。

國民大會安徽代表

吳忠信、楊慧存、凌鐵菴、葉元龍、徐庭瑤
謝澄平、江世文、葛崑山、史尚寬、何世楨
羅北辰、宋樹人、江白良、王覲陳、王子步
譚　龢、陳毓材、李效惠、韓慄生、朱道賢
王同榮、翟光熾、陶　然、儲造時、寧　馨

吳殿槐、趙覺民、程永言、吳覺民、謝鴻軒
李咸熙、歐楊崙、戴慶雲、蘇　杰、胡鍾吾
溫廣彝、王進之、章正綬、吳兆棠、王子貞
廖子英、鄒人孟、胡志遠、汪奕林、趙執中
沈克琫、常法毅、陳子英、汪祖華、范雪筠
王立文、張宗良、湯志先、陳獻南、李國彝
汪幼平、戴樹仁、夏傑瑛、李仁甫、張慎吾
叩

4月15日　星期四

與曾慕韓、李幼椿晤談甚久，有兩事屬轉陳蔣主席：

（一）關於總統在戡亂時期緊急措施權一事，兩君皆主張授權總統有勘亂軍事緊急處分之權，不包括財政、經濟在內，對莫德惠等七二一人提請制定動員勘亂時期臨時條款一案不表贊同。莫案條款為總統在動員勘亂時期，為避免國家或人民遭遇緊急危難，或應付財政、經濟上重大變故，得經行政院會議之決議為緊急處分，不受憲法第三十九條或四十三條所規定程序之限制云云。實涉到憲法條文之修改問題，與該黨一貫顯有未合。

（二）青年黨國大代表原定三百名，嗣商改為二百三十名，現出席人數只乙百八十名，其餘名額希望能早日解決。

以上兩事已轉呈蔣主席，並連同關於總統在戡亂時期緊急措施權意見一紙附呈矣。

4月16日　星期五

午前復與曾慕韓晤談，謂青年黨定於明日召集大會，希望於會期前與蔣主席一晤。蓋曾於黨內環境頗感困難，例如莫德惠等之提案，青年黨員何魯之、左舜生等數人均曾簽署，而與該黨中常會不主張修改憲法之決議顯有出入也。再如此次立法委員之選舉，青年黨僅選出七人，此問題亦尚未能解決，是皆足以影響該黨對黨內之團結、對黨外之合作問題。余又致函蔣主席，請其與慕韓一晤，俾面為詳陳也。旋奉主席電約予午刻晤談。主席謂該案如僅由大會決議，將來必被立法院否決，轉難實施，此點屬告慕韓知之。余亟往告慕韓，該黨意見仍甚堅決，希望能有折衷辦法以解決之。慕韓又云憲法決不修改，蔣主席迭有聲明，民社、青年兩黨均不主張，設如遽加修改，亦影響對內、對外之觀感，徒使總統有責，而行政院有權，殊非愛護領袖之道。予竊窺慕韓處境，對黨內不無困難，而渠在現政府中又甚感孤立，蓋暗指岳軍諸人不為之助，言次不無苦悶之感。午後四時余訪陳果夫，晤談未久，適主席又親致余電話詢及此事，並屬予偕慕韓即往一談。慕韓答主席云，此事尚須提交該黨中常會討論。主席云我當親往說明，何如？慕韓謂不必，當由慕韓轉達該黨推出代表數人，晚間再來晉見。主席並特屬予同往。是夕九時許，余先到官邸，慕韓偕李幼椿、左舜生、夏濤聲繼到。慕韓等當向主席表示，在不改變該黨立場之下，謀一折衷辦法。至十時半始散。

4 月 17 日　星期六

午前訪晤慕韓，據見告昨夜已經該黨中常會決議，其大意為：

（1）不修改憲法之主張，既經迭次宣言，仍不改變態度。

（2）對莫德惠等動員勘亂時期臨時條款案，既有不同之意見，仍可在審查會及大會發揮其理論。

（3）如莫案經大會表決通過，則依少數服從多數之意，表示民主作風等語。

予當即將原件轉呈主席。竊思此事關係重大，兩日以來經數度商討，並於一日間到主席官邸三次，亦向所未有。雖日來適患感冒，但此辛苦卻未敢辭，而主席之重視此事更可想見也。午後四時主席又召見，謂閱青年黨常會決議案，似仍對莫等提案未表贊同。予答該決議案既有以少數服從多數之語，即係表示不再反對也。返寓後與慕韓通電話，渠謂對張知本等修改憲法案，今日審查會中有成立可能，如果成立，顯有違背不修改憲法之諾言，至對莫案，如經大會通過，即不再有異言。以上兩點，已轉陳主席矣。此次大會出席代表，因感於時局嚴重，情緒不佳，甚恐別生事端，甚覺可慮，吾黨同志亦殊不能統制，尤覺悲觀。

4 月 18 日　星期日

上午九時出席國民大會，正討論最重要之憲法修改案件。十時許有皖藉學生三百餘人到大會堂請願，被憲兵阻攔，一時秩序渾亂，學生二十餘人受傷，形勢較為嚴重。大會當推舉余及薛篤弼、胡靖安等接見。余當表示余以皖人，于公于私，對于諸位同學請求，甚表同情，同學被打，等于我受打。同學們說吳老先生是安徽救星，李品仙主政安徽，民不聊生，老百姓實在活不了，吳老先生要救救安徽人。余十分感動，允將同學請求三事轉報國民大會，並以個人資格即請政府撤換李品仙。余勸勉備至，經三小時之久，學生等散去。余顧全大局，出而調解，倘學生衝入大會堂，將修改憲法案增加戡亂臨時條款二、三讀會發生問題，則明日不能選舉總統，我安徽人何以對大會？何以對蔣主席？所幸平安度過，余心甚慰。尤所幸者，大會在此時間將修改憲法臨時條款二、三讀完全通過：「就是總統在動員戡亂時期，為避免國家或人民遭遇緊急危難，或應付財政上、經濟上重大變故，得經行政院之決議，為緊急處分，不受憲法第三十九條，或第四十三條規定程序之限制。」今日並訪李璜先生，對于青年黨幫忙表示謝意。

4月19日　星期一

上午九時出席國民大會，即舉行中華民國首任大總統之選舉。現任國民政府蔣主席以二千三百四十票當選大總統，其對方之唯一之競選人為居覺生先生，所得票數僅二百六十九票。午後偕元龍訪胡適之先生，談時局，他尚無積極從事行政之意。

4月20日　星期二

清晨方治（希孔）來談安徽此次學生請願事，因學生負傷，他十分奮慨，大有不得倒李目的不止之勢。余強調適可而止，不要引起社會反響。

4月21日　星期三

上午九時到國民大會堂門前，主席團全體攝影後，到中央黨部出席中央政治會議。通過若干省廳長、委員案，又決議以甘乃光為駐澳大使等案。

4月22日　星期四

上午十時出席第三次臨時國務會議，為解決數月糾紛未已之國民大會代表，及已開始糾紛之立法委員，通過選舉補辦法，在職業及婦女團體內，增加國大代表三百名、立法委員一百五十名。此等辦法，或可和緩當前困難，但又增加將來新的問題，真是一波未平，一波又起。又通過戡亂建國動員委員會組織。

4月23日　星期五

今日上午九時出席國民大會舉行首屆行憲之副總統之選舉，以李宗仁得票754、孫科559票、程潛522票、于右任493票、莫德惠218票、徐傅霖214票。惟按選舉法規定，票數尚未超過全體國大代表數額之半數之一五二三張，決定將前三名之李、孫、程，明日上午舉行第二度之複選。惟我國初次試辦民主，種種不能完備，且競者多有感情用事，希望此次選副總統能以順當過去，勿生事端。

4月24日　星期六

上午九時出席第二次選舉副總統大會。選舉結果，李宗仁得一一六三票、孫科九四五票、程潛得六一六票。三人所得票數均未超過總額之半數，即一千五百二十三票，定廿五日上午九時舉行第三次選舉大會。現在競選副總統，形勢日緊，糾紛日多，彼此反對，大有你死我亡之勢。

4月25日　星期日

午前九時到國民大會，是日到會者多未簽到。蓋因程潛、李宗仁相繼放棄副總統競選聲明發出後，咸覺譁然，一時會場秩序極亂，振臂狂呼，聲震屋瓦，可為浩歎。當由大會接受李宏毅等三五二人臨時動議，休會一日。聞程頌雲之放棄非出自動、李德鄰之放棄亦係不得已。姑無論此次事態之原因何在，而此次競選致如此之糟者，初因本黨臨時大會決議不提候選人，致使競選者各極其能事在黨外拉票，授友黨以操縱之機會，且實得其惠，益以吾黨團不能秉承黨的意旨，坐致失敗也。午後孫科亦聲明放棄。四時本黨中常會開會討論副總統競選問題，有主張從新提名再選者，結果為解除本黨同志間之誤會，並促進團結起見，希望競選同志即時停止宣傳，推王寵惠、張羣、白崇熙、張知本、陳布雷、張厲生六同志負責勸慰。再關於副總統人選，蔣主席屬意孫哲生，初未明言，兩日選舉結果，李佔優勢。予曾於昨日兩訪曾慕韓，並謁主席官邸三次晤談，慕韓初尚猶豫，繼則改變態度，蓋受民社黨之影響也。午後七時主席招待安徽代表，約余作陪。席間詢及今日與慕韓晤面否？答以今晚或明晨必見面。八時參加國大主席團開會，對程、李、孫三氏放棄事，決議推胡適、于斌、曾寶蓀、陳啟天、孫亞夫五代表分訪三君，請其繼續參加競選，並明日繼續休會一日。

4月26日　星期一

午前十時許訪晤曾慕韓，渠對副總統問題：

（1）繼續選舉，較為圓滿。

（2）停止選舉，延至三十九年臨時大會時補選。

（3）另提名競選，不過時間延長。

以上三意見屬轉主席參考。至對行憲後之行政院長屬於張岳軍氏深致不滿，謂前此國民大會通過動員勘亂時期臨時條款一案，總統有責，行政院有權，此條文即為張岳軍、王雪艇所擬，完全為自己打算。此案通過後，岳軍即開始進行組織，我們適上其當，殊感覺先生（指予）亦太老實，且未完全認識我。余答慕韓，我太老實誠然，但對君之學識知之極深，余對岳軍亦不願支持者。談次，蔣主席適來電話找余，隨即前往官邸謁談，報告與慕韓晤談情形。其時岳軍與美齡夫人在坐，旋岳軍避去，余將慕韓不滿岳軍組閣事告之，可知青年黨不支持哲生者，職此故也。旋亮疇、岳軍、健生、知本、厲生、布雷等六人，報告晤李、孫、程經過，允仍競選。主席留余共飯，飯後予訪慕韓晤談。午後四時主席團開會，決議明日再休會一日，以便進行疏解工作。今日本為中孚銀行董事會，明日為股東代表大會開會之期，無暇前往，葉元龍兄已赴滬參加。中央常務會議及國民大會主席團推派十一位大員，分訪副總統候選人李、孫、程三人，結果關于聲明放棄候選資格事，均表示願聽從大會之決定，且看廿八日大會如何耳。

4月27日　星期二

今日天氣溫和，因連日奔走國民大會團結，非常疲勞，稍作休息。午後八時半蔣主席約見，告以副總統問題決自由競選，囑余轉告青年黨曾慕韓先生，前擬請青年黨選票投孫科，今則仍請投李宗仁等語。余即赴曾宅，將此意轉告慕韓，果能自由競選，幸甚、幸甚。

4月28日　星期三

晨八時半蔣主席約見，詢余昨晚與曾慕韓談話情形。選舉副總統之風波平息，國民大會經三日休會後，于今晨繼續第三次復選。大會于九時三十五分開始投票，結果李宗仁一一五六票、孫科一〇四〇票、程潛五一五票。李、孫獲票最多，他二人明日最後競選副總統，明日當可產生，希望勿生支節。白健生約余見面，告以程潛落選之票，託余轉請蔣主席，令青年團勿予統制，余當即將此轉陳主席。

4月29日　星期四

今晨九時舉行第四次副總統選舉，結果李宗仁得一千四百三十八票，孫科得一千二百九十五票，李以多數票當選為副總統。此事總算告一段落，日前曾一度引起軒然大波，所幸解決甚快，而結果如此，實以民主時期與從前一黨專政迥然不同。於此可見黨團力量之不可恃，亦可說毫無控制能力，此次可以證明本黨如不澈底覺悟，黨的前途不堪設想。惟一般批評德鄰此次利用民、青兩黨攫取此席，友黨亦藉此分化本黨，致引起本黨護黨同志及各方面之極端反對，且未得總裁首肯，總裁自亦不滿，從此裂痕更深。蓋桂系與中央分裂過三次，中間經余迭次彌縫，十年來情形甚好。鄰德此次幸而獲選，在此戡亂時期軍事人才亦甚需要，本人與渠私交甚深，自為忻慰，渠本人甚好左右或較差，前途不無可顧。本日午後白健生來談，余告以德鄰此後態度極應謙抑，萬勿矜驕，對蔣主席尤應特別恭順，所謂功名之際，宜善處也。

4月30日　星期五

上午九時出席國民大會第十六次會，此乃大會最後之一會，通過憲政督導委員會，各代表自由參加，不支薪。午後一時，在西北民生公司招待新疆全體國大代表及新疆在京服務高級人員午餐，計到九十餘人，余簡單致詞，攝影而散。所有代表等，多與余有直接或間接關係。午後四時出席中國銀行本屆改組董事會成立會，宋漢章為董事長、席德懋為總經理，余連任中國銀行董事此第三次，每次四年。晚七時招待合肥縣籍國大代表晚飯，本縣國代連余共八人，計四男四女，實全國各縣罕有也。晚八時出席主席團會議，簽署總統、副總統當選證書，余得此機會簽署，值得紀念。

5月1日　星期六

出席上午十時國民大會閉幕典禮，于右任主席，並致閉幕詞。蔣主席到會致詞，大意今後政府措施必須遵守憲法，大會共計開了卅四天，中間經過選副總統大風波，今能平安閉幕，亦不幸中之大幸。孫伯搴由滬來晤，談阜豐工廠及中孚等等事業。午後五時晉謁蔣主席，談青年黨事。余又向蔣進言，李德鄰既當選副總統，應善為相處，以安其心。

5月2日　星期日

午前八時半蔣主席約見。十一時訪晤曾慕韓。十二時再謁主席，仍為青年黨立法委員事，略述如下。慕韓云：

（1）青年黨立委，國民黨原允八十名，現只可出四十名，而此次增加之乙百五十名中，希望能比例分配。如此問題不解決，該黨即不便參加立法院，則不能不退出政府。

（2）政學系如再組閣，該黨決反對。

（3）陳氏兄弟包辦選舉，惹出許多糾紛，不能不負責云云，余允為轉陳。余云陳氏兄弟經驗缺乏，幼稚有之，壞還談不上。慕韓曰然。余又云年來與兄往還至數，報分極深，蓋致力於兩黨間及蔣主席與兄個人間，政略上、情感上之增進與聯系，而一般問題自有黨政負責人接洽，此次立委問題，仍希與原接洽者商辦云云。蓋此事關係國家前途極大，不能不向慕韓特別聲明也。

十二時謁主席。主席云實行民主，推持國法，立委選舉自以得票多者當選，即民、青兩黨退出立法院、退出政府亦在所不惜。余云以革命精神、民主精神言之，自應不顧一切，惟本黨為執政大黨，人民生命操諸政府，對國際、國內情勢，及軍事、政治和共產黨各方面，影響如何，不得不顧及，尚希慎重考慮。主席云對美國無所謂，無他顧慮。又慕韓對政學系不滿及對陳氏兄弟批評，余亦報告及之，但謂陳氏為吾黨幹部，應予支持。余又謂行憲政府改組，亟應引用新人勵行新政，一新耳目，挽回人心與軍心，庶幾早竟戡亂之功。又云余與主席俱年逾六十，主席日理萬幾，總希以健康為重。余近感腦筋遲鈍，處理一事不如從前銳敏，輒須經過幾分鐘纔能決定，此後當以頑健之軀供奔走、備諮詢，或有機會，願主持國家一部份經濟事業。主席並詢余有什麼人才？予以葉元龍兄對。謂當於日內約其一談。此次談話約三十分鐘。午後三時半主席又召見，謂立委增加一百五十名一案已經立法院否決，該院即日結束，不再開會，無法補救。至以黨讓黨本為余一貫主張，但鑑於上次國大代表之退讓問題，增加許多無謂糾紛，致令本黨離心離德，故此次對於立法委員不能再蹈覆轍，但當轉屬同志儘量相讓，希轉達慕韓原諒。至退出政府一節，可以不必，行政院原有兩部仍望繼續參加。至要求之院及省，亦當考慮，希婉告之等語。談次余並及陳辭修，謂陳幹勁可佩，經驗較差，不認識現代和環境，是其短處，以之主持東北軍事，致令失敗，是政府一大損失，否則此次副總統競選問題，必有相當幫助。主席曰然。余並謂政府改組，凡以前無功無能之人，均應一律令其退休。又外間每以官僚資本指摘我政府要員，無可諱言，現在確有許多軍政大員利用職權大發其財，此等人何能再令其負國家責任，亟應澈底改革，各省疆吏不肖及無能者，應予撤換。主席唯唯。五時訪晤慕韓，以主席各語告之，渠意甚悵惘，躊躇者久之。余勸其考慮。慕韓云一個政治家不能忘卻理想，忘卻理想便成為政客，一個政治家不能忽略現實，忽略現實便成為書癡。晚十時蔣主席再約見，余將五時與曾慕韓晤談情形詳為報告。今日與蔣主席見面四次，是從所少有，亦可見主席對青年黨之特別注意也。

5 月 3 日　星期一

國民黨中央今晨在國大會堂舉行紀念週，蔣總裁臨主持，余即全體國民黨國大代表均參加。總裁訓話，勉黨員犧牲小我，勿重視個人權利。

5 月 4 日　星期二

上午九時出席國民黨籍國大代表談話會，今後國民黨將以黨養黨，經營事業，可以自給，且可盈餘，並檢討黨務。對人要和諧（最要緊不能鬧是非），對事要守法，果能如此，定可成功，決可立于不敗之地。

5 月 5 日　星期三

上午九時出席革命政府成立紀念儀式後，再出席中央政治會議。

5月6日　星期四

上月廿七日中孚銀行股東會，余因國民大會及一般政治問題，留京料理，未能赴滬主持，由孫章甫副董事長主持。章甫常住天津，即將北返，今晨特偕伊公子臨芳由滬飛京訪問，並辭行北返。余特往機場歡迎，並假陳宅休息，暢談中孚銀行有關各事業，與夫應興應革諸事宜。余強調有關事業，應以事業聯繫事業，可以保持攸久，如採人與人之聯繫，一朝感情衝動，影響事業是毫無疑問的。余又比語，中孚銀行如首腦、阜豐麵粉公司如心臟、仁立織毛公司如手足，應該彼此相依為命，而首腦之中孚銀行更為重要也。章甫深表同情。余招待午餐，陪遊後湖公園，上海銀行招待晚餐。章甫夜車回滬，余親送下關車站。

5月7日　星期五

上午十時蔣主席約晤，擬與曾慕韓先生見面，託余代約。余即訪曾，彼因生病，不克晉謁蔣主席。曾對立法委員之糾紛，表示憂慮。

5月8日　星期六

午前七時半，蔣主席電約八時半到官邸晤談。八時李德鄰兄來談，謂膺選副總統，此後對總統絕對服從。我答以應照憲法上所賦予副總統之職責做去。屬予向總統表示，並多予關照。予云，屬在摯交，毋庸客氣。余並云兄今日有此地位，實緣過去已有基礎，即係在北伐時期任第四集團軍總司令，談到此職，又不能不歸功于王季文兄。王為兄之至友，情感甚好，現王不幸已逝世，其後人請多予關照，我並無奉託之事，容有事再請關拂。談話甚歡，因予將謁主席，不能多談，匆匆別去。八時赴主席官邸，時岳軍、布雷、立夫、厲生、雪艇、雷震已先到。少頃，主席出見，仍為立法委員退讓事，主張本黨退讓一部份，但民、青兩黨認為擬退數額尚不滿意。我說我參與此次選舉會議，此是第一次，從前並不接頭的，我認為我們對民、青兩黨合作有誠意，退讓亦有誠意。不過本黨同志要其退讓，恐不易辦，假定答應了的話，仍辦不到，又將如何？過去國大經過即如此情形，鬧出許多糾紛，譬如自搬石頭將腳壓著。我幹政治未失敗過的，就是凡事要有把握，本黨同志已控制不住，當著總裁表示很好，而轉眼即不然了，把握在何處，不能不注意。主席云現在情況，立委如不讓，對外是不好的。我說讓是要讓，就是要有把握。計談半小時之久，結果仍是竭力勸本黨同志於三個月內陸續退讓。我於談次並把李德鄰兄所表示一節向蔣報告。班禪教下計晉美等諸人來談，余答以：

（1）班禪之轉世事宜應候機。

（2）對小班禪應好好招呼。

（3）對馬子香主席應好好相處。

我並說你們當時未採納我的主張，以致失敗，是可惜的。

5月9日　星期日

上午朱教育部長家驊來訪，同去戴院長季陶處晤談，他身甚衰弱，恐不久于世。招待馬主席少雲午餐。午後五時訪曾慕韓兄，他已復健康，擬日內晉謁蔣主席，並擬與主席談三事：

（一）談青年黨立法委員名額問題。

（二）有鑑於過去國民大會代表之糾紛，及當前立法委員之糾紛，深感三黨聯繫不夠，應研究將來三黨之聯繫。

（三）新政府政策及陣容之檢討。

當即將此意轉報，並請蔣主席定期約見。

5月10日　星期一

午後三時出席中央常會臨時會，討論本黨本年預算，不敷十萬多億元。蔣主席來電話，詢問與曾慕韓兄昨日談話情形，並約曾明日見面。新副總統李德鄰兄再來訪談，留晚餐，即余家平常之飯菜，因係老友，故可隨茶便飯也。

5月11日　星期二

蔣主席今日上午十時約見曾慕韓兄，余特于九時先與曾見面，請其與主席只談原則，其他技術等等，另行派員討論，蓋恐有為難之處也。皖省保安處副處長張湘澤來晤，據云皖省散匪甚多，亟待肅清，人民十分困苦。老同志鄒海濱（魯）先生特來晤談，對于本黨現象互爭權利，大鬧意見，不顧黨紀，十分悲觀。

5月12日　星期三

青海馬主席步芳三次來電，報告陝甘邊區戡亂之戰。綜計是役之匪為數五、六萬人，首被創邠州附近，再挫于汧陽地區，最後被聚殲于寧縣以東，估計突圍之匪，最多不足一萬五千人。此種輝煌戰果，可以穩定隴東，解西安之威脅。余當即復電，大意：忝屬知交，欣聞捷訊，尤覺光榮，吾兄平時之領導有方、訓練得法，從可概見，而馬師長繼援少年英發，首創奇功，將來之事業殊不可限量，更足預為祝賀者也云云。現在新立法院自己自行招集，關于院長、副院長人選，本黨提孫科、陳立夫為正副，但黨內有部份同志反對陳氏，勢不兩立。蔣總裁昨日約見朱家驊同志，予以申斥。朱今晨來晤，計談一小時之久，述其苦衷，託余轉陳總裁。現黨內意見紛歧，險象環生，如不團結，必定失敗，蔣總裁對黨威信亦大不如前，諸同志陽奉陰為。

5月13日　星期四

李崇年由滬來京，談及中孚銀行近來業務甚佳，並擬與交通銀行、阜豐等公司合辦蚌埠信豐麵粉廠，推余為董事長。這是崇年等替我幫忙，深為感謝，其資本六百億。晚七時戴院長季陶約老同志李福林晚餐，約余作陪，並束雲章大實業家在坐。

5月14日　星期五

余一生做事做人，知止、知退，是余最大成功，亦是余不能達預定之事業。兩者相比，則以知止、知退，可以保持永久不敗，如生命長久，身體強健，思想進步，最後總可達到預定目的，何況有天命存焉。國防部白部長健生來談，中央調他任華中剿匪事，他懇辭。余曰李德鄰既選為副總統，風波將定，你如表示消極，對內、對外都有未妥。尤其正在改組政府，青、民兩黨因立委問題，有離開政府之勢，此時應打消辭意，以免人家誤會。葉元龍隨余辦事有年，余迭次面陳蔣主席，其才可大用。本日具函推薦，請在新閣內畀以部長一席，定能展其所長，力圖報稱也。

5月15日　星期六

上午與曾慕韓兄晤面，仍談三黨合作事。他仍堅持立委名額問題，並擬在立法、行政之間另想辦法，即組織三黨共同決策機關，凡有關最高政策，先由該機關決定。曾又云此事已告國民黨赴滬代表先與青、民兩黨在滬同人接洽，這就是日前余與曾談三黨聯繫辦法之重要一項也。

5月16日　星期日

李副總統迭來訪余，特于今晨九時回拜。談及白部長華中剿匪事，余強調此時不可消極，必須顧全大局，共負時艱，並他勸勉白部長。上午十時至毗盧寺參加張仲掖先生追薦會，推余主席公祭。仲掖兄是故友張孟介兄之胞弟，他昆仲都是淮上革命老同志，一門張氏死于革命者甚多，而孟介死于非命，尤為慘烈。陳光甫兄當選立法委員，他趁此機會，將所有實業公司等機關、董事長及一切董監事廿餘個一律辭去，就是本身經營之上海銀行的董事長，亦先請假六個月，然後再辭。他午後六時特來訪，告以此事，並表示他年將七十，將從此退休。余曰，你可退休，而我的環境與你不同，必須在實業上有所發展，請你替我設計云云。

5月17日　星期一

立法今日選舉院長、副院長。上午選院長，出席委員六百十六人，孫科得五五八票，當選為立法院長。下午選副院長，出席委員六百十九人，陳立夫得票三四三票，當選為副院長。糾紛旬日之正副院長問題，能如此順利解決，這是很不容易的事。假定民、青兩黨委員出席，若從中運用，陳立夫副院長必難選出，則國民黨必蹈副總統選舉困難之復轍。我深知國民黨對于民、青兩黨是誠意合作、誠意幫忙，希望友黨不要分化，利用吾黨黨員，而吾黨黨員亦不要脅友黨以自重。果能做到黨與黨的合作，注重政治道德，則前途必定光明，于時局裨益非淺也。李副總統晚八時來晤談，他仍主張我任行政院長，我堅決表示無此信念。

5月18日　星期二

麗安父親昨日來京，余囑其妥為招待。

5月19日　星期三

新選總統、副總統已決定五月廿日就職，國民政府委員會之職權，應即是日停止。本日上午十時舉行國民政府委員會末次國務會議，以資結束，余準時出席。蔣主席親臨，並致訓詞，會後攝影，以留紀念。查國民政府委員會，自卅六年四月廿三日改組成立迄今，先後舉行國務會議共計廿八次，其中提出報告事項二百卅八案，決議討論事項二百八十八案。在此一年又廿七日之中，國家各項事業都無進步，人心失望，更甚于往昔，惟望新政府大改革。

5月20日　星期四

今日上午十時，總統、副總統在國民大會堂舉行就任典禮。十一時總統、副總統就任典禮畢，在總統府大禮堂接受文武官員覲賀。嗣又在總統府大樓台階前，總統、副總統及高級官員攝影，以資紀念，余均一一參加。而總統、副總統都是我的多年老友，感情甚深，此次當選元首，我更有光榮。希望他們二人精誠合作，共赴國難，我更當從中努力，必得精誠合作之目的。

5月21日　星期五

清晨朱教育部長家驊來晤，彼此暢談黨政，認為必須革新。九時半訪白部長健生，因伊到余家數次，又因他不願就華中剿匪事宜，不免有所不快。余首先表示，我對于你的事很關心，但無解決方案，我勸他要以大局為重。于十時半，副總統李德鄰兄亦到白家，我們三人再談半小時，多是朋友感情的話。他們雖得到副總統選舉之勝利，對于實際政治地位十分吃虧的，這真是得不償失。

5月22日　星期六

新參謀總長顧祝同（墨三）來晤。最近目前政治大問題，就是行政院長。老院長張岳軍，立院不易同意，業經離京返四川原籍，如提出立院可以同意之何應欽，又在堅辭之中。可見國事嚴重一般，很少人敢負此責任也，亦深感國民黨此種大人才未能養成，殊為遺憾。

5月23日　星期日

上午十時與陳光甫兄見面，他強調不能再任政府其他任務，特別請我替他注意。上午十一時與曾慕韓兄見面，他說青年黨如不能參加立法院，決定退出政府，至少要立委五十名，先讓三十名，方可集體出席立院，並云已至最後關頭，託余轉告政府。余曰本黨已派有代表與貴黨接洽，請仍與該代表作正式交涉，余當從旁協助，並擬將此意先告陳布雷先生云云。即于十二時半訪布雷，請將此意轉報蔣總統。午後三時教育部長朱騮先（家驊）令姪國勛，與江西朱萃蘭女士，在華僑招待所舉行結婚典禮，請余與戴季陶先生證婚，禮堂佈置整齊，禮節簡單隆重。總統既于廿日就職，而行政院長迄今尚未向立法院提出，街談巷議，指責國民黨之無能。依憲法規定，我國之政體既非總統制，又非內閣制，行政院長職權既非同于法國內閣總理，又不等于美國國務卿，準之內外，均史無前例，真是非牛非馬，從前起草人，不能不負其責。

5月24日　星期一

上午九時參加紀念，後出席中央臨時常務會議。蔣總裁親臨主持，宣佈將提翁文灝（詠霓）為首屆行政院長，旋獲全體中常委一致同意，並請總裁于下午二時召集本黨立法委員，對所提行政院長加以說明。下午三時立法院舉行會議，通過翁文灝為行政院長。紛紛擾擾多日之院長問題，至此告一段落，至關于行政院各部會首長，亦非易事也。白部長健生來晤，有關于伊個人出處事，請于代向蔣總統進言。晚八時李副總統來晤談。據云皖主席李品仙既受地方人士之反對，擬將省府加以局部之改組，以維皖局，俾好剿匪。余答曰，李主席在皖將十年，對人之恩怨，在所難免，現已至李主席想做好已無法做好，皖人想幫忙已無法幫忙，弄成無可補救之僵局。我數年來隨時從中調解，但至此次國民大會期中，我調解之表現，已至最高峰，我從來不向皖省介紹各級官吏，一秉大公無我，因此大家相信我說話，現在已至不能再說地步。大家都知道我與你們廣西幾位領袖都是很長久的好朋友，都知道我在中央有政治信用，與蔣總統有關係，都指責我為何不向你們及總統說話，將李主席調開，我實無言以對云云。語意李氏不能再任皖主席。計談二小時之久，副總統始去。

5月25日　星期二

晨晤曾慕韓兄，他說立法委員如不能解決，青年黨不便加入行政院。白部長健生約我談，並留午餐。他恐怕因李德鄰選舉副總統事，對蔣總統發生誤會，有傷感情，及不願任華中剿匪事宜，促我早日晉謁總統代為轉陳。白健生午後再來余處催促，因此余擬明日晉謁總統。

5月26日　星期三

總統約下午五時見面，故于清晨往晤曾慕韓，問他最後真切態度，他很怛白表示，請我轉陳。午後五時十分謁總統，余首先說係為青年黨及桂系有所報告。青年黨曾慕韓託轉陳：

（1）不知過去有無不週之處，使蔣先生有所誤會，惟黨內人多，如有錯誤，請蔣先生原諒（蔣曰沒有誤會，慕韓很好）。

（2）過去向蔣先生所說的說話，都是有關國家大事，其計劃都是幫忙性質。

（3）一切選舉事，先與蔣先生說過，後來都是與禮卿先生接洽。尤以憲法中補充條例，受權總統軍事、經濟、財政大權，青年黨是很幫忙，慕韓大費苦心（蔣答很知道）。

（4）立法委員名額多少，是青年黨面孜，亦是黨格，要想下台方法。

（5）慕韓云蔣先生如以他精神與智慧可用，前次說請他擔任考試院，他可考慮。如考試院不能成為事實，他想出洋考查憲政（蔣答容易商量）。蔣又曰請他們先加入行政院，慢慢設法解決立法委員問題。

桂系白部長健生託轉陳：

（一）李副總統絕對服從總統，遵照諾言，不組織、不宣傳。

（二）李競選副總統，白是始終不贊成的（禮卿先生是知道的），後來自要競選，白為團體關係，不得已參與其事。但向總裁聲明，不管李選舉得失如何，不影響白與總裁素來感情。

（三）總裁命白任華中剿匪總司令，駐蚌埠，但現在武漢、徐州均有軍事負責人，似無再設此剿匪機構之必要，而駐蚌埠指揮，更無必要。

（四）白過去係以國防部長兼華中剿匪事，節制五省主席。現在白是四星上將，歸三星上將之顧參總謀長祝同指揮，尤為不合。聽說何敬之（應欽）不願就國防部長，白有意仍任國防部長兼華中剿匪。總裁答曰國防部長決定何敬之擔任，白健生要擔任華中剿匪事宜，由總統直接指揮，參謀總長所發命令係總統名義，剿匪總部可以不駐蚌埠，以駐何地為宜，以及如何組織，皆由健生自行決定，望健生早日就職云云。

最後余提及葉元龍事，並強調葉之品學。總裁詢問葉與蔣廷黻感情（蔣有任財長說）。余曰是否部長不夠分配，但次長葉是不願做的，因現在中央及民、青兩黨高級幹部，很多是葉的學生。總裁曰現在確係不夠分配，葉是很好的，下次有機會，再給葉一方面工作。

總裁親自來電話，約晚九時半再到官邸晤談（最近總裁時常親自來電話）。余準時前往，仍談白健生事。

余再提元龍事，他說部長無辦法，我說他是將來財政部長。最後說及黨政一般事宜，我勸他黨員既不聽話，只好慢慢運用，如脫韁之馬，你追之過急，馬是愈跑愈遠，你如不急追，他是慢慢可回頭，又如兒女已長大，不能看他仍小孩。總統笑而答曰很對、很對。我又曰無論辦何事，要慎之于始，如中途改變，是很吃力的，這次國民大會及立法院就是這樣的。總統曰很對。與總統談話後，即往訪白健生，將總統所說的話轉告，白允擔任華中剿匪，余甚欣慰。

5月27日　星期四

上午皖主席李品仙來晤。他說辭皖主席，總統不准，擬將省府局部改組，問我方案。答曰無方案。他曰米捐擬裁撤。答曰很感謝，我傳統反對米捐。約十分時而去。李氏主皖十年，毫無成績，人民水深火熱，我是以皖人立場，大大不以為然。下午陳果夫來談他辦理黨務之經過以及現在為難情形，余勸他努力。

5月28日　星期五

何敬之午後來訪，伊新由美國歸來，我勸他就國防部長，並談及白健生事。

5月29日　星期六

今日見客甚多，多是為皖省地方事。

5月30日　星期日

午前九時許，余立奎偕合肥同鄉李銑來見。李係黃埔第一期畢業，北伐與抗日之役，轉戰各地，均著功績，現在賦閒，深為可惜。因時間匆促，不及多談，改日再約。十時，民社黨革新派盧廣聲兄持汪世銘兄函來見。汪函略稱，茲乘盧兄赴京之便，特託晉謁面陳一切，伍憲子先生頗欲赴美州一行，對李大明先生在美言論，當能有所糾正。此行或於國事有補，擬請六個月遊歷護照，未審公能一助否？如何之處，乞與廣聲兄面談為感。又據廣聲面告在香港住四個月，回滬纔四日。又云在港共黨甚多，他們於五月一日宣布：（一）重開政治洽商會；（二）召集人民大會；（三）組織聯合政府，究在何時、何地召集，刻尚未定。又云憲子一方面不贊成政府，一方面反對共黨，是左右為難。國民黨能在危難局勢之際，召開國民大會，是很有氣魄的一件事，新立法院副院長之難產，以及反對張羣行政院長，這不是蔣先生政權低落，乃是民主之進步。國民黨既行民主，對美國更要加強合作，何況中國問題決定於美、蘇，因此中央政府更為鞏固云。余答曰，憲子請護照事，俟我日間到滬，再行答復。計談四十分鐘。十一時蔣總統親來電話，約予到官邸談話，即前往。適顧參謀總長等在坐，談及白健生擔任華中剿匪總司令事，及詢及李副總統何時赴北平事，余並將健生兄允任剿匪事之經過詳為說明。余同時將汪世銘來函及盧廣聲之談話一一詳報，總統答曰可照發，旅費亦可補助。余由蔣邸辭出，即赴李副總統公館，適李外出，即晤李夫人，據云北飛之期尚未定。午後二時半又與總統通電話，報告副總統之行期未定。

5月31日 星期一

上午九時參加中央紀念週，後出席中央政治會議臨時會。蔣總裁親臨主持，旋以總裁資格，宣讀本黨參加新行政院之政務委員名單，當經全體一致通過。行憲首屆行政院組織完成，全部名單經統核准後，於本日晚十一時公布。除院長、副院長及國防部、糧食部、財政部、資源委員會係新人外，其他十四部會首長，都是舊人未動。社會人士對新政府陣容之批評，多云連湯也沒有換，不無失望之感。所謂新者，院長翁文灝，原任資源委員長；財政部長，原任副院長；糧食部長關吉玉，原任該部副部長；資源委員會亦是別委員長升任。

6月1日　星期二

李副總統昨晚來電話，擬過我談，因時間過遲，未能接待，故于今日午後往訪。他認為現在多方軍事吃緊，認為華北軍事必要加強，西北人事必要調整。他本擬赴平結束行營，以該處是非多，擬從緩前往，余甚表同情。余又曰你副總統既已選出，應以少說話為宜，要做一個藏字功夫，他以我的話為然。計談四十分鐘。今晨朱部長家驊來談黨務。

6月2日　星期三

上午九時出席中央常務會議，決議本黨推定于右任先生應選首屆監察院長。又討論卅七度黨務經費，總共不敷約十萬億元，惟超支數字過于龐大，值茲財源枯竭之時，實屬不易籌措。其人員如能照預定計劃轉業，則中央及地方工作同志，可由三萬餘人減為三千三百餘人，則仍不敷三萬二千四百餘億元。以現在一個黨有如許按月給薪人員，乃中外古今所罕有，而黨務辦得一團糟，真是使人無限失望與感嘆。

6月3日　星期四

午後四時晤曾慕韓兄，係私人訪問性質。據曾云，他對青年黨立法委員名額問題，既由八十名讓四十一名，請求一次發表卅名，最近讓到一次發表廿一名，否則很難參加行政云云。曾是很想與國民黨合作，其本人很想任考試院長。曾是注重實際政治者，大有不顧黨內的反對，毅然加入政府之勢。

6月4日　星期五

陳果夫兄日前兩次來訪我，故于今日上午十一時半偕馴叔訪陳。暢談黨內團結，以及用人之道，並推薦徐中齊為組織部副部長等等，計談四十分鐘。最後陳忽提朱國材與馴叔婚姻事，陳說恐年齡不合，余曰等他們見面再說。陳說現代婚姻，男子年齡是要比女子大纔好，我問多大，陳答卅三。陳又曰朱是很好的，因對他婚事未解決，是心中一件未了的事（朱是隨陳時間很久，是陳最密切、最得力之幹部，故陳對朱如家人）。

6月5日　星期六

上午九時出席中央常務會議，仍是討論經費，不外人多鬧窮，黨人如此，其他更不堪設想。又討論未了的國大代表及立法委員之糾紛，亦無結果，這都是辦事人不負責任、推施拉、政客作風，有以致之也。

6月6日　星期日

財部錢幣司長戴銘禮（立庵）清晨來見，他說財政毫無辦法，在財部任職多年，主張不能實行，故辭去司長。我請他任中孚銀行顧問。又行政院副秘書長浦學鳳甫經辭職，午後來見。他本是邊政學會理事，與我感情甚佳，我擬請他到中孚銀行任研究室主任。此人習政治，英文甚佳，品學均優。

6月7日　星期一

昨晚八時李副總統來談，留便飯。他云白健生兄因醫牙赴滬，又云白剿匪總部擬設武漢，總統命其勿管地方事。我說要顧全大局。蓋白赴滬，當然不滿意表示，大局如此嚴重，我無法調和，奈何。今晨晤何部長敬之，據云白已向總統辭職赴滬，似難挽回，這都是選副總統餘波。上午九時參加中央紀念週，蔣總裁親自主持，所有本黨立法委員諸同志一律參加，由行政院長翁詠霓報告施政方針。如此事先徵求本黨同志意見，再提立法院，可以說是本黨最民主的辦法，果能採開明方法，則立法與行政當易合作也。

6月8日　星期二

午後訪曾慕韓兄，仍談該黨加入政府事。曾重實際，另外一部重理論，而國民黨又無法讓出青年黨所期最低的立委名額，真正是僵到萬分。這都是國民大會遺留之惡果。

6月9日　星期三

孫錫三偕崇年乘滬夜車，晨到京。報告銀行業務，及租辦蚌埠信豐麵粉廠經過情形，原擬資本六百億元，以當前物價高漲，改為壹仟億元。計交通銀行與信豐老股東各認二百五十億元、中孚銀行一百二十五億元（內讓致和公司十億元）、阜豐三百七十五億。計董事十三人、監察三人，公推余為董事長、錫德柄為總經理，錫等已於今日前往接收開辦。此種農產品加工，是余素來所主張者，故對于信豐之租辦，樂予贊成也。上午九時出席中央政治會議，通過新行政院所屬各部會政務次長之人選。余自三月十一日由滬回京，迄今兩月又廿天，在此期中辦理國民大會，以及種種替人幫忙政治事宜，深覺疲困，故擬于明晨回蘇州，陪同惟仁夫人渡端陽佳節。因蔣總統知道余之行止，特親自來電話，囑余稍緩幾日，自應遵命，故蘇州之行暫作罷論。

6月10日　星期四

上午十時李副總統來晤談，我表示你在京之居住等事，如有不便請求之處，我可代向總統府轉達，幸勿客氣。陳布雷電話，對于曾慕韓兄考試院長事，因其他原因，不能實現。余答曰有關吾人信用，請轉陳總統多加考慮。

6月11日　星期五　端午節

午後一時，蔣總統夫婦約李副總統夫婦，及國防部、次長何敬之等，參謀總、次長顧墨三等，及余與總統府文官長、參軍長等在官邸午餐。餐後余與總統作半小時之談話如下：

（一）因昨日陳布雷電話謂，考試院院長原擬畀曾慕韓繼任，以當前環境，不便提出。余告總統謂，如有可能，畀予慕韓，以踐諾言，以維信用。總統答曰民社黨亦要此缺，倘即提出慕韓，確無把握請監察院同意。余又曰慕韓為人極識大體，確極忠實，此次不能提出考試院長，與他面孜很不好看。總統曰萬一提出監察通不過，更加為難。余又曰上月廿五日余見總統，轉達慕韓意，如考試院長不能提出，則擬出洋考察憲政，當蒙允諾，現在可否實現其出洋之目的。總統曰可以照辦。

（二）李德鄰常到舍間，態度極安詳，暫不赴平。白健生任華中剿匪，現赴滬，李主張促其早日就職（今日席間，總統已派黃季寬赴滬迎接）。

（三）皖省近況確是不好，並強調江淮重要，歷史所重視，並將在國大對付學生請願事，以及與李、白迭次談話詳細報告。李品仙既做不下去，最好更動，最好以郭寄嶠繼任。總統云郭如主皖，無人繼任甘肅。余又云或派與白健生接近之江西人劉士毅去如何，惟總統意，仍顧慮廣西在皖剿匪軍事，但我不能不將實在情形詳為報告，以供參考也。

（四）總統又詢立法委員皖省若干人。余答以此次名額廿餘名，其分配余曾參加，當選諸人大都很好。總統乃將中間份子李運啟、端木文俠、陸心亘諸君姓名記下，以便約見。

（五）又及朱家驊事，謂其忠實幹練，渠在立委中多能招呼，可屬其運用。又徐中齊事，謂其人甚忠實，如機會許可，請予中央黨部一副部長職務。總統拿筆記下。

（六）強調江淮軍人重氣節，說明安徽黃浦學生大多失敗，現有黃浦第一期李銑、繆運澤諸君都可重用。

午後六時半，曾慕韓兄來舍間，余將總統所囑詳為轉達。曾不免失望，這亦是無怪其失望也。即將慕韓之意見，摘要函報總統，原函如下：

今午所談考試院事，經與慕韓兄晤談，已為婉達。據慕韓兄云，此事不外兩點，顧慮一係國民黨本身，一係監察院內部，現青年黨監委已報到，在內部已有相當接洽，可能有過半數之通過。至國民黨本身，則不審如何，如有困難，不便提出，即作罷論。至出洋考察憲政一節，務必實現，務希早日實現，特為轉陳。

6月12日　星期六

因李主席品仙派人送節禮（食品），但卻之不恭，且恐發生誤會。李現時有病住醫院，特託楊仲明兄代為慰問，並說明對于皖事已經愛莫能助，意在促其自動離皖。

6月13日　星期日

最近是黃梅時節，前、昨兩日大雨，今日尚未晴，到處回潮，使人身體很不舒適。于右任先生已當選監察院院長，今午後特往于宅慶賀，他對于未能當選副總統很有不平之氣，余加以安慰，他更以時局前途為可慮。

6月14日　星期一

邊政學會會員丁實存先生病故，今日在中國殯儀館開弔。余于上午八時半偕彥龍前往致祭。

6月15日 星期二

李運啟、劉真晨來晤，談及楊亮功想做安徽大學校長，託余函朱教育部長騮先推薦，當即照辦。高一涵先生來晤，談甚久。他久任甘甯青及兩湖監察使，頗負時望，現無事，有意任司法院大法官，余允代為留意。

6月16日 星期三

上午九時出席中央常務會議，蔣總裁親臨主持，討論例案數件，又提出擬以王寵惠、張伯苓擔任行憲後司法、考試兩院院長，全體一致通過。余認為以此二人任此二院，十分妥當。李副總統午後一時來晤談，他認為總統近來對他態度甚為滿意，他想稍緩將往北京一行。余曰最好最速去速返，少耽擱、少見記者、不出席歡迎會、不發表談話，以避免是非為原則。他深以為然。余又曰當選副總統後，而當時競選未能當選者，當然有所不滿，因此影響整個廣西環境，如廣東、兩湖、西北、華北、江浙現在都不易與廣西合作，惟安徽與廣西尚無惡感（言下有將李品仙調開安徽之意）。他認為我的觀察非常正確。計談一小時，歡喜而散。

6月17日 星期四

午後三時半出席故友張溥泉先生治喪會議。四時出席中國銀行董事會。

6月18日 星期五

致函王亮儔（寵惠），推舉高一涵任司法院大法官。他曾任十五年以上政法教授，十六年以上監察院委員與監察使，深合大法官資格。

6月19日　星期六

上午十時半出席西北公司常務董事會。該公司內容人事複雜，必須大大調整，此事在董事長張文白之決心，緣內部人員多是文白親戚、故舊之故也。最近物價直線狂漲，已達罕有高峰，米價一千一百萬一石、黃金一億四千萬一兩，仍在賡續上漲，這是與新行政院大威脅。

6月20日　星期日

廖運澤來談安徽剿匪事，及與蔣總統前日談話經過。他是黃浦第一期，很有血性，我于端節日曾向總統保薦其才可用。振宗孫由家鄉來京，頃來見。談及鄉間遍地土匪，捐稅特重，民不聊生，鄉間不能居住，紛紛入城，他想出外謀事，苦無機會。他性情忠厚、品行端正，可惜因抗戰為家事所累，未能大學畢業。

6月21日　星期一

上午九時出席中央紀念週後，再出席中央政治會議，蔣總裁親自主持。通過三省主席易人，程潛主湘、陳儀主浙、孫渡主熱、劉瑤章北平市市長。李副總統晚九時來晤。據云安徽省李主席去志甚堅，希望我去繼任，我堅決表示不能擔任。李繼問以何人為宜。我強調曰，你們廣西政治很受安徽之累，以推行民主之先聲，自以皖人選擇為宜，如王東原、郭寄嶠、劉和鼎、端木傑、徐庭瑤、張義純都是可以任主席的。研究再三，以能辦理李主席在皖之善後，與能幫助白總司令華中剿匪為原則，認為以端木傑為最適宜之人選。

6 月 22 日　星期二

孫碧威漢奸嫌疑案，滬法院本判決不起訴了案，檢察官不服上訴最高法院，仍判決維持原判。余曾主持正義，向居院長說明此案之冤枉。孫因案已了結，今晨到京，向余道謝。余陪遊後湖公園，並留午飯。孫午後四時回滬。

6 月 23 日　星期三

上午往訪李副總統，關于皖省主席問題，他說已與白總司令交換意見。據云現在軍事吃緊，萬一更換，恐誤事機，意在從緩。因此余未另表示意見，且看將來軍事形勢如何。

6 月 24 日　星期四

河南省會開封名城淪陷，該省人士誤信軍事當局確保開封，感于中原戰事，全省紛擾，所有該省重要人員及家屬（就是全省精華的子女玉帛）避亂開封，今完全犧牲，良可惜也。河南旅京人士，日夜奔走呼號，其情急可悲，令人無限同情。現在雙方均集中大軍于中原，日內有會戰，但開封既失，軍事形勢大大改觀，下次大會戰之勝負影響大局，非等閒事也。華中剿匪總司令白健生午後來訪，以軍事吃緊，即日將飛武漢。並談及安徽省府主席問題，他認為開封淪陷後，共軍大部南移，因此安徽形勢嚴重，此時更換主席，尚非其時。余將廿一日晚與李副總統所說的話重述一番，強調從皖人中選主席，時間可研究。

6月25日　星期五

合肥同鄉李銑，晨來見，他自黃浦第一期畢業後，參加北伐、抗日諸戰役，九死一生，功在黨國，惟性太忠厚，不慣吹牛拍馬，現在閒居無事。余為主持公道，已向總統代為說話。

6月26日　星期六

當前軍事、政治、經濟均到嚴重關頭，物價上昇無止境。即以黃金而論，黑市一兩約在壹億八千萬，其他可想而知。而政府一籌莫展，平民生活感受嚴重威脅，鈔票滿天飛，人民不相信。商店隨時更改標價，更有店家乾脆停止營業，此等物價狂跳，從來所未見。

6月27日　星期日

國防次長劉士毅（任夫）江西人，今晨來晤。轉告白健生總司令意，擬在華中剿匪總部組織政務委員會，擬在安徽選委員二、三人，託我推薦，當允考慮。朱部長家驊昨由青島視察返京，今晨來晤。據云時局嚴重，人心已去，前途不可樂觀。

6月28日　星期一

上午九時中央紀念週，由余主席。地政部李部長敬齋報告地政工作，他強調現在匪擾地區，不是土地問題，有事證明。午後安徽李主席品仙來晤。據云中原大會戰即在目前，安徽局勢吃緊，而辭職尚未蒙核准，為負責計，擬即日回任，並強調無念棧之意，希望將來安徽賢能接任。余說明你不願幹，亦不能幹，我是無法幫忙。

6月29日　星期二

馴叔中央大學畢業大考，今日完畢，余十分快慰。自入幼稚園起，而六年小學、三年初中、三年高中（共六年中學均在南開），又四年中央大學，一共十八年，其中從未留級，殊為難得。馴叔十八年辛苦，我十八年煩神，今日大學畢業，我責任大大減輕。

6月30日　星期三

上午九時出席中央常務會議，財務委員會報告黨營事業情形，都以為將來黨費大部份無著為可慮。中午十二時在西北民生實業公司午飯，飯後主持常駐董監事會議，討論政府發給公司汽車壹百輛之處理辦理，以及營運計劃。現在軍事吃緊，政治紊亂，經濟恐慌，雖然如此，只要同心協力，並非不治之症，而且壞到極處，自可回頭。何況國民黨五十年革命犧牲，功在國家，對方反對黨之主張，為人民所不取，如我們不改作風，人家當然成功。

7月1日　星期四

上午十一時訪曾慕韓兄，告以即將回蘇州一行。關于青年黨諸種問題，我勸他此時不必開口，待當前中原戰事告一段落，再與蔣先生說話。緣蔣現正主持戰事，無暇談一切政治問題。曾因青年黨立法委員，國民黨迄今未能讓出，彼個人考試院長事又未踐諾言，彼甚怏怏。午後三時出席中央黨部，召開本黨立法委員談話會。財政有關當局報告本年下半年預算計九百十餘萬億，收入僅有一半，更以物價上漲經驗，恐兩千萬億亦不夠開支。研究兩小時半，無結果而散。

7月2日　星期五

偕馴叔乘上午八時回蘇州，余係三月十五日離開蘇州，已三月餘矣。午後三時訪羅佶子兄。

7月3日　星期六

偕佶子、馴叔到蔣家看看蔣太太，他持齋念佛，居住超過常人，確是修來之福報。

7月4日　星期日

上午十一時錢慕尹（大鈞）來訪。我因申叔特愛繪事，苦無名師，請慕尹介紹吳門名繪家吳湖帆先生。慕尹當即作函介紹。

7月5日　星期一

上午十時訪錢慕尹兄，因現在蘇州駐軍複雜，居住民房，稍有紛擾，人民頗感不安，余特請錢轉告軍事當局予以注意糾正。偕文叔乘十時半車赴滬，余參加晚七時，錫三、崇年等招待本行董事徐端甫先生晚餐（徐世昌之親堂弟）。徐新由天津來滬，送兒子出洋，徐是華北有名之資本家。

7月6日　星期二

昨夜、今日大風暴雨，更加前日大風，人民生命財產都有損失。而長江水勢大漲，頗于秋收有害。上午訪徐端甫等，又到中孚辦公。銀行開支太大，來日困難，萬難避免。

7月7日　星期三

上午到中孚辦公，招待徐端甫（世章）、任鳳苞等晚餐，傅沐波等作陪。

7月8日　星期四

中原會戰空前大捷，國軍邱、劉、黃兵團于豫東黃泛區鏖戰九日夜，匪我主力戰刻已告一結束，國軍殲匪十萬，匪以傷亡奇重，于七日拂曉開始全面崩潰。此役為中原戰以來最大關係之最大勝利，否則影響士氣、人心與夫政府基礎，非淺鮮也。午後三時主持中孚銀行常駐董監事會，決議再發股息。

7月9日　星期五

上午到行辦公。午後訪吳醫生天民，量余血壓九十八度。以余現在體重一百四十七磅比較，以及一年前血壓一百十之比較，至少應在一百十以外，恐吳醫量血器不準確。訪陳樹人先生，謝其教申叔繪畫事。

7月10日　星期六

申叔身體較一年健康，理應繼續調養，他亟欲讀書，且欲考高中同等學力（去年春讀蘇州東吳初中三）。我的主張最好以身體為重，如必定要讀，則讀其所最歡喜，而最容易科目（大意要學美術）。他一定要考高中一同等學力，亦只順其自然而已，兒女已大，父母不能過于作主也。午後七時陳範有、王松波在國際飯店請余晚餐。陳係華新水泥常務董事，王是總經理，余是此次改組新董事。

7月11日　星期日

陳天鈞兄在保定路中孚新收回房屋，招待余與程天放、徐可均等午餐，飯後至大西路天放家稍坐。

7月12日　星期一

馴叔今午到滬，他自中大畢業後，余有出嫁與出洋兩種主張。現在出嫁既無相當對象，則決定出洋美國，以資深造，自今日起開始準備一切。他實足年齡廿二歲尚不夠，假定赴美讀博士學位歸來，亦不過廿五、六，一切事未為晚也。

7月13日　星期二

上午到中孚銀行，汪心渠兄面交伍憲子函，託余轉請總統發給赴美護照。余俟不日回京，再代為轉呈。午後四時在吳天民醫生家與青年黨副主席李璜（幼椿）見面，談及最近國大、立法及選舉副總統等問題，彼此認為未能圓滿為憾，其原因出于陰錯陽差，無遠大眼光所造成者。他並連聲表示，如我他日負政治大責，彼願為我幫忙。計談兩小時半，吳先生準備茶點，彼此談話十分開誠。中孚銀行滬行副理陸襄琪、副理徐紹檥約晚餐。

7月14日　星期三

上午到行訪汪心渠，告以現在情形與三個月前不同，因此關于伍憲子出國護照，不一定有把握。我當盡力，萬一不成，請伍原諒。

7月15日　星期四

午後三時主持銀行常駐董事會，都認為物價如此高漲，銀行很少做法。及一般工商業，亦至最危險階段，長此下去，必至百業停頓而後已，果爾社會必大亂。今晨上海市發表七月份上半月生活費指數，工人總指數一百卅八萬倍，較六月份增加六十七萬倍；職員生活指數一百零七萬倍，較六月份增加五十一萬倍。如此半月指數漲了九成，來日指數增加必更速、更高，乃必然的趨勢。倘政府無斷然妥慎辦法，則政府必隨經濟失敗，而愈趨愈下，乃至不可收拾，同歸于盡。補記七月十二日信豐阜記麵粉公司董監會。余是被推為信豐董事長，今日下午四時在中孚大樓召開董監會，余親自主持。因流動資金缺乏，深感困難，而人事方面，亦有未能使股東滿意者，尤其是交通銀行股東方面。

7月16日　星期五

午後四時出席阜豐麵粉公司董事會，聽取報告最近業務財政概況，及討論今後進行方針，並決定發給股息，總共發壹百億。較之去年二十億，以物價相比則相差太遠，而職工待遇太高，股東大吃虧。午後七時招待周志輔、志俊、志厚昆仲便飯，並約浦學鳳諸君。浦將任台灣省府秘書長，他因初到中孚，頗感為難，余成全他去，並表示隨時可回中孚。浦品學優長，辦事負責。

7月17日　星期六

蘇聯封鎖英、美、法三國駐軍柏林陸路交通，三國大量空運柏林接濟駐軍，美國六十架空中堡壘立即飛集英國。蘇聯申明將在三國空運線舉行空中演習，三國有以武裝保護汽車、火車衝破柏林封鎖線計劃，鬧得全歐形勢緊張，戰爭危機極大。一般有識之士，認為第三次大戰不會暴發的，我的意見是，就理論上說，美、蘇一時不會發生戰事的，就機會上說，可以發生戰事的。何以故，都知道資本主義與共產主義是絕對不相容、不兩立的，遲早必定決鬥的，都在極積準備，遇事不肯讓步、不肯試弱，所有大戰後世界各種問題，無一件可以解決者，因此隨時、隨地都有衝突機會。

7月18日　星期日

薛農山在其虹橋新屋招待余午餐。薛從政有年，係崇年同鄉朋友，由崇年介紹與認識。此人身體強健，辦事敏捷。今午十一時半與王東原見面，他新近交代湖南主席，將赴北平遊歷。他治湘深得人心，全省無匪，為人所稱許。余說現在離開湖南，切到好處，可為慶幸。

7月19日　星期一

午後晤陳光甫，他說以現在物價上漲，生活指數增加之趨勢，銀行開支大，只能維持三個月，從前說可以維持六個月至年底，不易辦到。我于今晚與崇年研究維持六個月計劃。銀行如此，其他各業可推想，政府若無經濟斷然計劃，長此拖延，必至社會大亂。

7月20日　星期二

連日到銀行，都是顧慮將來開支。理髮七十萬元，光和尚頭式，其他一百萬元乃至數百萬元。

7月21日　星期三

此次來滬專為馴叔出洋、申叔讀書，但出洋手手續很麻繁，許多事要在南京接洽，擬即日回京。孫仲犖夫婦約余及馴叔等晚餐。

7月22日　星期四

偕李崇年乘上午七時車回南京。

7月23日　星期五

端木文俠來談立法院開會以來經過情形，日內即將閉幕，他在此次立院收獲很多。梅雪岩來談前次普濟墾植社日前開會衝突情形，劉總經理堅決辭職，決定由余與徐月祥交換意見再行調處。總之該社時常發生意見，充分表現安徽人，尤其安徽黨人，無團結、無能力。

7月24日　星期六

金大農學院長章之汝（魯泉）晨來訪。談及馴叔出洋事，他很多詳細指示，認為今年來不及，因美國大學研究院，每年三月、五月是申請時期，他允為幫忙，並設法運用免費。他是很熱心的，很實在的，我很感激的。上午十時半訪曾慕韓，他說立法委員國民黨未能讓出，青年黨內部甚為紛擾，鬧得他身心不安。他又不便煩擾蔣總統，有礙其作戰精神，言下要我將此意轉達蔣總統。計談二小時。

7月25日　星期日

今日觀音菩薩會期，首都信男信女紛紛赴雞鳴寺敬香，並組織香會遊街，所費甚多，而在烈日之下遊行，真正勞命傷財。可知習慣應入人心，決非三言兩語可以改革也。晨訪徐月祥，談日前普濟墾植社開會糾紛，擬先採疏通方式，然後再開會商決。陸心亘日前患盲腸炎，施用手束，結果良好，業已出院，余偕文俠往陸宅慰問。

7月26日　星期一

上午九時出席中央紀念週。

記余總統府資政發表之經過

總統府組織法，設置資政及國策、戰略兩顧問委員會，因此將前國民政府委員及顧問，以及當前其他必需安置之人員，乃于七月十四日分別予以聘任，計聘資政十三人、國策顧問四十餘人。蔣總統對于資政甚為重視，其人選為本黨元老、友黨領袖、社會賢達，計聘吳敬恆（稚輝）、張人傑（靜江）、李煜瀛（石曾）、孔祥熙（庸之）、許崇智（汝為）、吳忠信、張君勱、徐溥霖、曾琦、李璜、章嘉、莫德惠、周鍾岳等十三人。聞文官處最初所擬名單，將余列在國策顧問，嗣經蔣總統親筆改為資政。以我在黨國歷史，受之固無愧，但無蔣總統厚愛與提攜，曷克臻此，惟有心感。

7月27日　星期二

清晨朱教育部長來晤，談及黨的腐敗，維持現狀既不可，革新又不能。余則主張從團結做起，否則必大失敗。中央黨部吳秘書長鐵城、國民大會秘書長洪蘭友，今午（廿七）十二時在華僑招待所招待國民大會主席團午餐，計到余等四十餘人。其宴會原因有：

（一）國民大會代表現正自由簽名，至法定人數即請總統于民國卅八年元旦召集國民大會臨時會。

（二）立法院對于戡亂委員三千餘人經費預算未予成立，退還政府（戡亂委員都前國大代表，亦現在國大代表）。

席間研究對策，大家主張用疏導方法，對于國大臨時會不便召集，以免糾亂，對于戡亂委員會經費，仍主設法籌發，但須有限制。劉波鳴（和鼎）晚間來談，堅辭普濟墾植社總經理。余表示我同情辦事困難，但這件事業很重要，因此我在公的方面擬挽留，在私人朋友關係贊成辭職。其結論從長研究，再開理監事會決定。今午與國防部長何應欽同席，告以安徽危機四伏，人民失望，應多用本地人，收拾人心，發動自衛武力。何深表同情。余力薦廖運澤、李銑等回皖，何允即日約見彼等。

7月28日　星期三

教育部田次長培林（伯蒼）新由北平處理學潮回京，朱部長囑其來見，將北平情形向余報告。據云北平軍事力量，與夫傅作義總司令能力及信譽，均已至最高峰，加以人心浮動，不信政府，萬一敵人加強兵力來攻，很難支持。計談一小時之久。田次長精明強幹。廣錄、華聲慕、安文惠、何崇善招待余與宋希廉、張任等晚餐。

7月29日　星期四

上午九時出席中央常務會議，多是例外案件。最近極積準備馴叔出洋事，首先要辦美國學校發給入學證，其次請教育部批准、外交部發護照，再請美領事簽字，這幾件事最重要的。將來美領于護照簽字時，口試英語，亦是很重要的。事之麻煩，無有過于此者。忽于七月廿七日接馴叔來信，謂已得華盛頓大學（在美西北角西雅圖）準許入該校研究院攻讀之入學證，今秋、今冬、明春三個時間都可入校。我事先毫無所聞，忽得此消息，十二分快慰，真是意想不到一件事。蓋自六月初，馴叔將他在中央大學三年半（七個學期）成績，寄往華盛頓大學，請求攻讀歷史碩士學位。因係嘗試性質，恐無十分把握，故未向我報告，而今居然意外成功，可謂順利極矣。

7月30日　星期五

華盛頓大學復馴叔信及入學證，均經章之汶先生譯成漢文。今晨之汶兄又親自到中央大學，將馴叔成績單取出，面交教育部杭次長。之汶辦事迅速與熱心，令我非常感佩。

7月31日　星期六

上午十一時主持西北民生實業公司董監會，該公司人事不好，雖資本雄厚，亦難望其有所發展。余是駐公司常務董事，並于開會時負主席之責，在法律上、與董事長張文白私人友誼上，都有責任。擬俟文白來京時，當將該公司內情詳告文白，促其改進。蓋因該公司總經理、各分公司經理人等，都是與文白有深切之關係，我們不能替他作主也。

8月1日　星期日

上午十時出席主持普濟墾植社理監事會議，該社亦鬧人問題，經決議，墾切慰留劉總經理和鼎，另推周珩為副總經理。一面將常務理監事予以調整，一面決定該公司辦理澄瑤湖築堤工程，仍主先完成一小堤（內約三萬畝），至大堤廿餘萬畝，仍本公司力量繼續進行。我深感覺現在無論大小公私機關，總是鬧人事問題，真是國家之不幸。

8月2日　星期一

上午十時出席中央政治會議，何國防部報告軍事。我說明淮河流域之重要，如淮河不守，我們不能再在此地開會，所謂江、淮、河、漢四大流域，黃河多半淪陷，漢水重鎮襄樊亦已不守，長江勉強維持交通。在歷史看來，無淮河即無國家，當前無淮河不能收復黃河失地，更不能保衛長江、拱衛首都。河、淮兩岸產兵產糧，我們安徽大小軍官很多，希望國防部選擇忠實之士，前往發動地方武力，我們淮上人是用命的，特向都位警告。本日（二日）下午五時晤曾慕韓先生，談話二小時。其要點：

（1）關于青年黨立法委員事，指責國民黨未踐諾言。我說未讓原因，應檢討在國民大會糾紛（暗示責任不在國民黨）。

（2）青年黨想與國民黨某一派系合作，我勸他對國民黨派系應取超然立場，較為便當（暗示恐人誤會分化國民黨）。

（3）曾想政府明令派其赴歐美考查憲政。余曰現在是進步民主，非廿年前舊式民主，近年中外各國領袖來往，多取自然方式，各國政府還是招待，如前美國共和黨領袖威爾基等來華，就是如此。我又曰只要政府說好，當然電令我國駐外使節，予以照料。曾曰擬請蔣總統函介各國領袖如何。我曰當代轉達。

（4）曾擬晉謁蔣總統，報告內政外交。

8月3日　星期二

中國國民黨為聽取留京中委及立、監兩院本黨委員對于改進黨務之意見，特舉行黨務座談會，定于八月三、四兩天，每日上午八時半至十一時半、下午四時至七時，地點在國民大會堂。本日（三日）上午、下午我均出席，計到委員四百九十餘人，上午由居覺生先生主席，下午由我主席。各委員紛紛發言，不平之氣，充滿會場，有主改造，有主團結，尤多不滿少數人包辦黨務，無公道，無是非，主張極積刷新人事。對于黨費以及黨營事業要求公開，對于黨內派系，有主存留，有主解散，很多不同之意見。至七時，我宣告散會。

8月4日　星期三

今日上午、下午均準時至國民大會堂出席座談會。各委員發言情形較昨日更為急烈，甚至指責總裁，批評行政院長翁先生是超黨派。因時間不夠，尚有許多委員未及發言，當由吳秘書長作結論，將各委員意見作成方案提交常會，採納實行。以我看法，立、監兩院本黨委員將居黨的重要地位，他們很多是超派系黨員，在立院頗占勢力。本黨必從速改變作風，否則長此腐敗下去，必定失敗、必定崩潰，則天下大亂矣。

8 月 5 日　星期四

程天放兄上午來談黨務，主張調整人事。阜陽國大代表李效惠、亳縣國大代表韓慄生來見。據云阜陽已于本月一日淪陷，將由三河尖等處渡河，淮北人多糧多，補充容易，望政府早日出兵收復。似此情形，皖中必吃緊，首都受威脅。

8 月 6 日　星期五

國民大會代表、國民黨中央監察委員王子壯兄因病逝世，本日上午十時在中國殯儀大殮，余親往弔祭。王氏正在壯年有為之時，性情忠厚，為人所稱許。朱教育部長來晤談，擬請戴季陶兄任台灣大學校長，我十分贊成，朱請我向戴勸駕。

8 月 7 日　星期六

入夏以來，以今日天氣為最熱，室外太陽下一百十二度，我熱出痱子很多。今夏本擬往他處旅行，或在上海過夏，因辦馴叔出國手續，必須親自留京接洽也。午後五時訪戴季陶兄，勸他出任台灣大學校長，談一時之久。其結論，感謝朱部長善意，惟因身體衰弱，及中央當前之環境，未便出任。

8月8日　星期日

淮北名城阜陽國軍於七月三十日晨四時撤退，敵人隔二日始入城。阜陽在過去之歷史上及現在形勢均有戰略之價值，今日午後接晤淮北士紳多人，都認為淮北為兵源、糧源所在地，請從速派大兵收復，否則為敵久佔，不但淮南不能守，且將動搖首都。尤以此次撤兵慌張，人民事先無所聞，以致損失特重，現逃至淮南難民甚多，請政府速辦救濟。余允將各士紳所請轉告國防部增兵，一面救濟難民。晚九時晉謁蔣總統，談話主要如下：

（一）曾慕韓出洋考察憲政，總統允將來電令本國駐外使節予以照料，並允致函各國領袖介紹。

（二）伍憲子請出洋遊歷護照，即令外交部照辦。

（三）余報告本年六月間，與李德鄰、白健生接洽調整安徽省政之經過。

（四）馴叔出洋經費，總統允幫助。

（五）余並面陳，余將赴華北、台灣等地遊覽。

是時待見總統者尚有翁院長、王財部長等，故余擬談黨務政治、經濟各事只好作罷。

8月9日　星期一

上午九時參加中央紀念週，後出席中央政治會議臨時會，蔣總裁親臨主持。通過例案後，總裁訓話，大意謂：日間即赴廬山，現在謠言很多，尤其是本黨同志無自信心，隨便批評。上次中央政治會議，李宗黃、馬超俊二同志說總裁直接指揮，甚至指揮到團的單位，紊亂指揮系統。這話是不對的，你們到國防部看看命令就可知道，望同志相信總裁，則一切都有把握。

8月10日 星期二

上午九時訪曾慕韓兄，轉告前晚與總統談話，允其出洋，至出洋之準備與請求，請曾作成方案逕呈總統。這件事由余從中奔走，至此可告一段落。又談國內外形勢，認為大局危險。談話歷一時半之久。

8月11日 星期三

昨晚文叔來電話，據吳醫云，馴叔肺有病，用X光透視，右肺一部不清楚，等待照片洗出，纔可斷定。聞之十分可慮，因此夜不能寐，因此出洋時間必定延長。最近數月馴叔確是瘦弱，我上次在滬，他體重九十三磅，今則減去二磅。這都是暑天大考畢業後未休息，即準備出洋，當然身體、精神均感疲勞，這都是受科學鬥爭做人之如是也。上午偕端木文俠訪華中剿總司令白健生兄，他舊疾復發，臥床多日，日漸痊癒。現當華中軍事吃緊、阜陽失陷之際，我請他早日出發，救民水火。蔣總統很注重安徽軍官，最近派張靖伯皖省軍管區副司令，來辭行，我請他盡力救民。同時廖運澤亦將派往淮北。

8月12日 星期四

偕麗安乘上午八時車赴滬。當前我最關心是馴叔身體，據沈成武醫學博士X光診斷，馴叔右肺上葉鎖骨下，有小浸潤影，似輕度結核，餘肺透明正常，無他病理變化影得見。胸膜正常、心及主動脈正常。就以上情形觀之，即有問題，亦是很小問題。隨即偕馴叔請吳天民醫生診治，據吳云鎖骨下小浸潤影是個小問題，可以說是無問題，但須速加醫治，二、三個月內可痊愈，因此出洋必須從緩。好在華盛頓大學入學證是一年期間。

8月13日　星期五

到中孚銀行，又到上海銀行訪伍克家兄。認為物價漲，銀行開支大，上海銀行滬各行，七月份開支四千億，中孚銀行四百億。中孚銀行內部人事不洽調，經人密告，金融管理局派人普查。以現在中孚情形，對內人事不和，對外業務困難，開支不敷，我雖任董事長，人事無法調整，這是該行歷史上遺下來毒，有以致之也。我擬到北平與副董孫章甫等說明中孚內外情形，請他們決心改革，否則我不願將我數十年社會名譽，犧牲于中孚也。

8月14日　星期六

政府數年來對于經濟種種管制統制，毫未生效力，百物愈漲愈高。所謂管制，徒資紛擾，工商業既無新發展，而原有工商業勢將停閉，這都是負經濟之責者無政策之結果，尤其阻礙通貨無路可走，因此失敗。

8月15日　星期日

午後五時晤光甫，他現在靜修佛學，不願與聞世事。計談一小時半。中孚銀行常董兼滬行經理孫仲犖今晨來見，深覺內外都感困難，表示請假，並推本行包副總經理代理。余答此事可商孫章甫先生，蓋章甫係副董事長，又是孫家家長，因中孚行孫家大股東，亦可說是孫府銀行，他們平常不滿人意是所難免，尤其是行內一部份同人感情太惡，所謂物必先腐而後蟲生。吳天民醫生招待余晚餐，在坐都是天民江北同鄉。又據天民云，馴叔病決無問題。

8月16日　星期一

伍憲子請領赴美遊歷護照，已經蔣總統手令王外交部長准予簽發，該手令交由余轉。今晨在中孚與汪世銘兄見面，請其轉告伍憲子先生。

8月17日　星期二

今日未出門，整日休息。馴叔身體經吳醫生診治，雖不致惡化，可以日漸好轉，達到痊愈之目的，但耽誤出洋時間（原擬九月起行），殊為可惜。

8月18日　星期三

申叔身體雖休息三個學期（一年半），經吳醫診治轉危為安。據吳醫云，肺部已無問題，我仍主張繼續休息，但申叔堅決考高中。現在已考取復旦與正始兩校高中一年級，他決定進復旦高中，不過距我們住處較遠，不若正始之近（來往數分鐘）。蓋復旦資格較老，正始之整齊超過復旦多多矣。申叔回蘇州，下月來滬正式上學。我決定廿日（星期五）飛北平，轉天津，視察中孚北方行務，並擬與孫副董事長商量中孚現在與將來，業務、人事之改進與方針。我離別北平已廿年，趁此機會，作數日遊覽。

8月19日　星期四

午後三時半出席中孚銀行常駐常董會，金管局復查中孚賬目，我囑彼等中孚既未違法，不必自相驚擾。偕崇年訪陳果夫，他病吐血復發，惟精神甚佳。王丹忱約晚餐。馴叔體重加五磅，聞之甚為歡喜。

8月20日　星期五

晨五時起身，六時到飛機場（龍華）乘霸王號，七時起飛，沿途不停。十時半飛抵北平，李崇年夫婦同行，孫錫三兄到機場迎接，即下榻中孚銀行。余係民國十七年任北平行營主任、裁兵主任，自後未來北平已廿年，其城郭如故也，並無多大進步。除平津外，整個華北風火連天，人民日在饑餓中，則較廿年前不可同日而語也。午後遊清太廟，此處余最早于民國二年春，偕故友林沭慶（松亭）兄等遊覽，今則古柏尚存，故友早亡。參觀仁立公司北平地毯公司，規模很大，出品推消外國，換取外匯。政府今日公佈改革幣制（另有記載）。

8月21日　星期六

清晨北平市黨部主任委員吳鑄人兄來晤，並談及北平一切情況，歸結言之，人民痛苦，市面蕭條。孫章甫、包培之兩兄今晨由津來平，商談中孚銀行事。章甫贊成滬行經理孫仲犖請假出洋，所遺滬行，彼此主張中孚副總經理包培之兄兼任。與孫等同進午餐後，同遊中山公園。孫等四時車回津，余再與崇年婦夫及培之、錫三等遊覽北海公園。上項二園都是舊遊之地，古柏參天，其中大者就余推測約在千年以上。

8月22日 星期日

今日拜訪華北剿匪總司令傅宜生（作義）、北平警備總司令陳武鳴（濟誠）、北平大學校長胡適之，他們或因剿匪，或因學潮（最近因學生思想問題，軍警拘捕學生），異常煩神。遊覽萬壽山（即頤和園），並午餐，亭台樓閣亦如往昔，海中殘荷尚在開放。大陸銀行談季禎兄招待晚餐。

8月23日 星期一

偕錫三及崇年夫婦乘晨八時車，十時半到天津。即到中孚銀行津分行休息，接見行中諸同仁，余簡單致詞，加以勉勵。天津行乃中孚創始之銀行，歷史攸久，業務發達。旋參觀仁立公司織毛廠，該廠亦係孫府大股東，最初僅資本二萬元，今則在國內已成為有名的大廠，此皆現總經理朱繼聖苦心毅力經營之結果。朱君招待午餐，又分訪徐端甫（世章）、李木公（芋龕之父）諸君。端甫午後四時招待茶會，下榻章甫兄公館。章甫招待晚餐，約端甫、木公以及啟新水泥、九安信託、開灤煤礦諸公司負責人作陪。各該公司多有安徽人的資本，都是周學熙先生一生所經營者，亦就是淮軍在北洋當政數十年所遺留之紀念也。

8月24日　星期二

由天津乘上午八時車回北平。此次來津，孫章甫、徐端甫諸先生都到車站歡迎、歡送，均使我十分感激。十時半到北平，因在津僅一日，看行、廠、訪朋友，較為疲困，午後特予休息。晚間偕崇年等再遊北海公園，身心舒適。今日並視察中孚銀行北平東、西、南三個支行，辦事人和靄認真，內務整齊。

8月25日　星期三

上午遊玉泉山，其山色、其湖景、其亭臺如故也，惟其中最古一株白皮松有兩大枝枯死，真是可惜。午後一時，市黨部主任委員吳鑄人夫婦在三貝子花園招待午餐，在坐有北平大學校校長胡適、北平警備總司令陳武鳴等。他們最近辦理此間各大學通匪學生，頗費心思，以不流血，昨已達成目的。今日彼此雖面有悅色，但經過情形，確有不同之意見。經余個別予以勉慰，皆大歡喜。據陳武鳴云，中央在華北兵力雄厚，戰鬥力強，計中央軍約七個軍，傅總司令約三個軍，另有騎兵。傅總司令宜生前日來訪，適余外出，今晚九時再來晤談，此種誠懇可感。據他表示，請余指示與幫忙。余曰民國卅一年在甯夏見面時，曾約為兄幫忙，今則仍本斯旨，只要你需要，在我力所能及，為公為私，都當協助。據傅又表示，現在華北軍事穩定，現正尋覓敵人主力，以備出擊。傅云中國騎兵均在他與青海馬子香手中，計傅有騎兵十一個團。計談二小時之久。本日午後與北平分支行同人聚餐，計四桌便飯。余簡單致詞，表示慰勞，並勉同人守法等等。

8月26日　星期四

擬明日回上海，因連日訪余者甚多，今晨回拜，並辭行。今（廿六）午十二時傅宜生兄招待午餐。晚七時錫三夫婦再招待晚餐，為余餞行。

8月27日　星期五

上午十時半到飛機場乘空中霸王號，十一時半起飛，午後三時零五分到滬，元龍、仲犖等到機場迎接。從二十日飛平，今日回滬，計一星期，時間雖匆匆，但深知：

（1）華北軍事在三數月內無問題，將來關鍵在東北。

（2）華北人民相信傅宜生，中央軍、傅宜生軍未能切實合作，傅深恐中央不相信他。

8月28日　星期六

上午到銀行面告仲犖曰，章甫先生同意以包培之兼滬行經理。據仲犖云，章甫已另有信與他。馴叔體重又增加，惟昨日午後打針，反應，大發寒冷。

8月29日　星期日

偕文叔乘上午車回蘇州，園中紫薇花正在開放。午後訪佶子兄。

8月30日　星期一

天氣仍熱，所謂秋老虎是也。偕佶子兄看蔣老太太。今年大水，余家在吳江湖田，已秋收無望。

8月31日　星期二

偕申叔于上午九時遊覽觀前大街。午後江蘇立法委員張道行來訪，他是常熟人，習政治，甚聰敏。昨年中央提名立法委員候選人時，伊被提名，余曾為之幫忙，他特來道謝。

9月1日　星期三

天氣早晚較涼，中午較熱。來蘇休息三日，較為舒適，此後應該常回蘇州。

9月2日　星期四

偕申叔到上海，下午到中孚銀行。自改革幣制後，遊資無出路，銀根奇鬆，銀行存款忽增，利息很低，存款無法放出。

9月3日　星期五

上午到中孚行，再到上海銀行訪伍克家、中國實業銀行訪傅伏波。他們都認為此次改革幣制思慮欠週，現在商業無形停頓，應趕速補救，否則物價上漲是很快的，影響大局，非等閒事也。

9月4日　星期六

天氣甚熱，真是秋老虎。陳光甫兄午後五時來晤談，他認為要向美借款，纔能達到改革經濟之目的，當前幣制新發行之金圓，沒有出路，最為可慮。

9月5日　星期日

劉東岩兄來晤談，他轉述曾慕韓意，希望我早日回京。昨夜天氣很悶熱，不能寐，今日小雨，稍轉涼爽。李崇年今午後由平飛回滬。

9月6日　星期一

上午到中孚銀行。關于改革幣制後，銀行業務發生種種困難，開支成問題、增資成問題，余切囑同仁維護國策、遵守國法。

9月7日　星期二

在中孚銀行午飯，再與同人談話。晚七時招待名畫家吳湖帆夫婦晚餐。吳蘇州人，吳大徵之孫，申叔拜他為師，專學山水，吳對申叔繪畫天才亟為稱許。

9月8日　星期三

乘晨上午七時半飛快車，十二時半到南京，計行五小時，車中有冷氣。午後端木文俠來晤，談及一月來京中政情。

9月9日　星期四

上午訪本省新主席夏威，他是廣西高級軍官，久駐安徽。此次更換，雖人選仍屬廣西，但李品仙能以調開，可稍平皖人之不平。現值民主高潮，不能任用皖人治皖，亦是廣西政治之失計，甚望夏主席與皖人合作，勿蹈過去覆轍。

9月10日　星期五

晨安徽淮北國大代表葛崑山、胡志遠、廖子英等來見。據云中央現雖明白皖北重要，起用本地人發展地方武力，惟時機已過，只有亡羊補牢，大家努力以收失地，安撫人民。上午十時半與曾慕韓兄見面。據云已于八日謁見蔣總統，關于出洋考查憲政，總統經已面准，並批交總統府秘書長辦理，及補助美金一萬元。惟覺一行數人，需時一年，實感不敷，託余轉請總統配予增撥，余允照辦。計談二小時之久。盛晉庸（世才）因西安軍事形勢，未便久居，于兩月前遷移南京，本日午後五時半趨訪。他在新疆執政十年，不滿人意之處固多，但能保全領土，功在國家，當年在新之權威不可一世，而今英雄末路。余係革命黨人出身，同情失敗之弱者，故對盛氏在可能範圍，予以幫助。李副總統夫婦招待余晚餐，有魏道明（台省主席）、楊笑天等夫婦在坐。王揖唐兄昨日（九日）在北平宣告死刑（七十一歲），兩槍斃命。數十年政治赫赫大名，不可一世，而文學尤有根底，為何得此結果，此皆太熱衷，與顧氏側室，有以致之，亦命運使然耳。他于上月廿四日最後來函求救，余實愛莫能助，無法可想。

9月11日　星期六

上午九時半出席西北民生實業公司常駐董監事會，該公司如人事不調整，則一切無辦法。盛晉庸偕其大公子午後來訪。

9月12日　星期日

今日上、下午都是見客，計見王固磐（靜庵）、黃夢飛、劉波鳴等廿餘人。

9月13日　星期一

上午八時半訪朱教育部長，因余不在家時，他迭次來電話詢余行蹤，故往訪。並將朱與復旦大學校長章友三兩人誤會，切實疏解。余強調章係余同鄉兼親戚，朱亦表示過去誤會章辭職，經已慰留，盛讚章才力超人云云。九時偕朱部長到中央黨部出席紀念週，推余主席。行政院美援運動委員會副主任委員俞鴻鈞，報告該會工作情形。紀念後再出席中央政治會議，蔣總裁親臨主持。先由何部報告軍事，大意現在各戰場都安靜，預料十月間將有全面大戰發生。嗣討論改組福建省府，改任李良榮為省主席。李是福建人，黃浦第一期畢業。蓋自國民政府成立以來，福建省主席與安徽省主席同樣屬諸外省人士，閩人奔走呼號，閩人治閩，今則得其目的矣，皖人治皖，為期當亦不遠矣。

9月14日　星期二

朱部長家驊清晨來訪，其談話：

（1）戴季陶兄近日在家，心緒不佳，朱希望我予以勸慰。

（2）關于黨務，朱主張團結，惟在人事上大加調整，希望以段錫朋為組織部長。

（3）立法委員邵華，近來常有反朱言論，朱希望為之疏解。

9月15日　星期三

當前之經濟

此次總統以不得已之苦衷，用緊急措施，改革幣制，但在技術上有兩點值得注意：

（1）屬于政治技術方面，施用壓力，凍結一切物價、工價等等，以及私人與銀行、公司、工廠、黃金、白銀、外國資產，如外幣、外匯、外股均嚴令收歸政府。兩旬以來，確屬穩定，可謂政治力量之收獲已到百分之百。但有一件事要注意的，中國富人的錢決不盡在一般人民與商業銀行之手，真有錢人是有數之豪門，看看他們的錢是否能夠真正拿出來，希望政府能設法辦到，纔能表示公允。

（2）屬于經濟技術方面者，國內收兌金銀外幣，以及商業行莊，移存外匯資金（據估計行莊已移存中央銀行伍千萬美圓之多）都有成效。因此兌換金銀外幣，發出大批金圓券，反而增多遊資，刺激物價，很大失策，這是緊縮通貨最大的矛盾。至于發售中紡、招商局、台糖、台紙等國營事業十分三或十分一、二之少數股票，辦法未妥善，人民不相信，尤以過去債信一再失去，因此購者無興趣，多觀望。其他如京、滬對經濟金融緊急措施辦理良好，而各地情形就極其參差，負責者太不盡責，將來京滬必受其影響。倘經濟改革技術不能有所改善，物價必不能穩定，則政治之收獲亦將隨之而失效。總之經濟問題，應該以經濟方法解決之，全靠政治之壓力，不能持久的，乃是必然道理。

9月16日　星期四

上午九時出席中央常務會議第一六二次會議，大家對于黨營事業很多議論、很多批評。余認為以商業習慣，對外黨營二字，似有未妥。偕麗安、庸、光兩兒于午後五時遊覽後湖公園，氣高氣爽，日暖風和，紫薇花仍在開放。

9月17日　星期五

孫錫三、李崇年今晨由滬飛京。關于中孚銀行增資，以及當前開支，大感困難，尤以內部人事不和為可慮，這都是多年來遺留之毒，非吾人所造成者。滬行經理孫仲犖知難而退，對內或可和緩一時。錫三夜車回滬，伊深知內外艱難，不易應付，迭次表示辭去總經理職務。惟中孚銀行孫府是大股東，又是孫府所創辦，所以余任該行董事長將近兩年，只能維持現狀，今則對于人事必須調整，或可挽回頹勢。一切尚待副董事長孫章甫到滬決定。

9月18日　星期六

陳光甫兄派其秘書徐大春君由滬來京，告余此次金融管理局查中孚賬目表示不滿，囑余注意。答曰中孚自從前年復業以來，人事很少更動，現在決將滬行經理更動，深感陳先生好意云云。方叔夫婦由蕪湖來京，表示願意調蘇州中國實業銀行職務，照料蘇寓。此事俟與奚東曙兄商議後，纔能決定。

9月19日　星期日

偕麗安乘上午八時車回蘇州，因在京無事，且有許多麻煩，令人不快。本日氣候反常，低氣壓籠罩上空，上午起，突趨燠熱，下午更熱，熱度增高至八十五度以上，地面潮濕異常。一反前幾天涼爽天氣，如同大伏，汗出如流，頗為不適。

9月20日　星期一

天氣仍悶熱，整理園中月季花。在抗日戰事之前，有月季二十餘種，今只有三、五種矣。

9月21日　星期二

上午偕麗安遊覽觀前，購買零物。一般物價雖遵照八月十九日限價，但有許多較好物品收藏不見于市，這是一般物價仍要上漲人心之推側也，假使物價管制失敗，乃是影響改革幣制，所以管制物價必須加強。

9月22日　星期三

上午偕張錫卿（七十六歲）到蔣家看蔣老太太。今日係惟仁夫六十五歲生日，他在上海過壽，有文叔、馴叔、申叔三人陪他，我心甚安，他亦必定心中很愉快。

9月23日　星期四

連日悶熱，今日落雨，氣候轉涼。麗安乘上午九時廿分車回南京。

9月24日　星期五

本園樓房東南近處有大柏樹一株，係我家住在闊家頭巷（帶城橋弄南）時，由申叔生母于某一年春，在大門外向鄉下人以六個銅元購買的，當時只有六寸長。嗣後我家由闊頭巷遷移東小橋弄現在住宅，該小柏已有半人高，申叔生母將其移植此間，至今已成雄偉美觀的大柏樹。今日特請曾影毫兄幫同將此柏樹大加整理，以留紀念。樹已如此，人何以堪。

9月25日　星期六

濟南大會戰已逾旬日，雙方不分晝夜，反覆衝殺，刻城內每街每巷，均有激烈戰鬥。同時遼西各路亦在激戰，義縣爭奪亦甚慘烈。倘濟南不守，影響大局實非淺鮮，倘遼西失利，影響關內外亦甚為重要。

9月26日　星期日

朱國材君由滬來蘇，特來訪余。查國材身體強健，中央政治學校畢業，人甚聰敏，素隨陳果夫兄辦事，為果夫的親信。據云此次果夫舊病復發，危險時期似已過去。朱午後仍回上海，他想出洋讀書，我十分贊成，我並向朱說許多做人、做事道理。李思廣夫婦來訪，完全是訪問性質，隨即回滬。

9月27日　星期一

上午陳惠夫世兄（英士先生次子）來見，他是來蘇為蔣老太太祝壽。蔣老太太為避壽起見，離開蘇州，我于中午到蔣家吃麵，表示慶祝之意。仍在園中整理樹木，我親手所植桂花十數株，已十年未克觀賞開花，此次來蘇，桂花尚未開放，何無緣乃爾。

9月28日　星期二

濟南確于日前失守，該區王司令官耀武下落不明。此次濟南戰事為空前未有之浩劫，敵我雙方及民眾傷亡慘重，而物質損失更不可勝計。山東民眾對此次之慘烈情況，莫不痛心疾首，蓋自抗戰以至剿匪之十一年中，山東從未遭遇如此次之慘劫，吾人對于濟南死難軍民，無限痛惜。遼西各地大戰正酣，綏、包正醞釀會戰，此二地之得失，不下于濟南。今日上午到觀前買鞋。今日園中整理梅花，秋高氣爽，甚快活。

9月29日　星期三

今晨大雨，乘中午十二時二十分車赴上海。孫章甫、包培之亦于今日午後，由北平飛抵上海。

9月30日　星期四

午後到中孚銀行，三時駐行常董會開會，滬行經理孫仲犖辭職照准，以副總經理包培之暫兼經理。蓋行之內外對孫府不滿，仲犖不得不去，如此處理，可稍緩不滿之不平。此次金融管理局據人密告，連查三次，雖無大問題，但行中有少數人經營私人事業，幾乎影響本行，倘非葉元龍設法說明，則本行應負其責。平時他們有關事件避免我知道，出事後須我負責，如此我要改變兩年來放任之作風。本行同仁還是租界、封建、金錢觀念，不知道現在民主時代，社會作風，我必定要轉變他們走此大道，方可應付現在局面。

10月1日　星期五

當前政治、經濟、軍事都至最困難階段，在中國本身很少辦法，但看國際的變化。人民到處流離恐慌，饑寒交迫。午後六時，與孫副董事長章甫及孫錫三、李崇年、奚東曙等談話。奚先去，並留章甫等便飯，飯後包培之、葉元龍亦來參加。此次談話重心，就是今日銀行發薪，同仁等拒絕具領，要脅加薪。金管局查辦三次，案將結束，而內部又來要脅，根本原因係大股孫府不團結，與夫高級領導無方。余到行即將兩年，不得不向孫等表明態度：

（一）你們平時一切事不使我不知道，有事時要我負責。

（二）自任董事長以來，只帶秘書一人，雖有人才推薦，你們不接受，使我無法與同人聯繫。

（三）我如同警察守門，但上房出事，我是沒有辦法的。警察既不知內情，須要負出事責任。

（四）請大股東決定辦法，我雖任董事長，如股東不投我票，我即要離開。請章甫先生領導孫府，約集你的姪輩研究（章甫姪輩都是大股東，內心不和，各為其私）。

（五）銀行雖小，如被處罰，與我老面孜關係太大，太不值得。

我這一次很直率向他們表示，是在使孫府明白我的責任。中孚銀行大股東平時鬧意見，爭權利，一遇發生事件，設法逃避。他們平時以老闆態度對待同人，使人怨恨，一遇事端，或從旁看笑話，或群起而攻之。中孚銀行創立已卅餘年，在上海銀行之先，為何不能發展，就是無人才，家族制度之遺誤也。我看中孚長此下去，如大股東不覺悟，決不能有結果。我擬隨時離中孚，但我對孫府已仁至義盡，世人多批評孫府無信義，過橋拆橋，話雖如此，我仍道義對孫府。

10月2日　星期六

清晨伍克家來談，當前銀行無做法。李運啟來暢談，留午飯。下午二時主持中孚銀行董監事聯席會議，討論增資事宜。晚七時孫錫三招待余等晚餐。

10月3日　星期日

午後劉東岩持曾慕韓親筆函來晤。關于曾出洋，雖經總統批准，但其他技術很多困難，託我幫忙，我允雙十節前回京再行研討。朱國材晚七時來晤，據云果夫病稍好。

10月4日　星期一

天津仁立公司總經理朱繼聖午後來晤，他想赴西北遊覽，託我介紹。我允致函張文白、郭寄嶠、馬步芳、馬少雲等西北當局。

10月5日　星期二

上午偕李運啟兄遊覽中山（舊兆豐）公園，秋高氣爽。下午二時主持中孚銀行股東臨時會，討論政府改革幣制後本行增資問題。先由會計師潘序倫先生說明法令條文，以時間過促，而政府法令尚待陸續公佈，為求切合實際，大會決議授權董事會，恪遵法令，及參考同業成例辦理之。陳樹人先生昨日在廣州因胃出血病逝，他是我老朋友、老同志，又是同年歲。他是有名大畫家，是申叔老師，申叔對于陳氏的花卉很有心得，確已入門，將來陳氏繪畫繼承人，必定是申叔。陳氏生前不喜收門人，申叔是陳氏唯一得意門人，今陳氏去世，是中國藝術界大損失，亦是申叔失去良師大損失。

10月6日　星期三

午後三時出席阜豐董監事會。昨晚余招待孫章甫等晚飯，今晚奚東曙招待孫章甫等晚飯。

10月7日　星期四

乘上午七時半車回南京。午後與陳光甫兄晤談，彼此認為此次改革幣制已四十餘日，已至困難階級，因改革條件不夠，所以結果如此，已成僵局。以中國經濟根本問題，必定向美國借款，亦只有這一條路可走。中國八年抗戰加上三年內戰，人心厭亂，益以政治腐敗，經濟恐慌，人民失望。現在大勢不佳，希望黨政諸公大大覺悟。

10月8日　星期五

現任監察院審計長林雲陔先生，于七日晨因腦充血病逝，本日下午二時大殮，余親往致祭。林先生任審計部十有餘年，與余認識卅餘年，與余同歲，同盟會老同志，與余感情甚佳。回憶民國廿六年國府已發表林先生為蒙藏委員會委員長，擬定余為審計部長（即今之審計長），中央正擬提出通過，臨時緩議，事隔數日，任命余為蒙藏委員會委員長，改任林先生為審計部長。中央此種改動，甚為得宜，使我與林先生各用所長，我能在邊疆有所收獲，林先生在審計部亦很多建樹。午後晤曾慕韓兄，關于他出洋護照事，外交部允發官員護照，他希望外交護照，託我幫忙，我允向外部洽商。

10月9日　星期六

東方語文學校校長羅公陶（佶子老弟）今晨來見。據云該校有少數員生反對校長，他表示消極，託向朱教育部長進言，準他辭職。致和實業公司新租正洪街新屋，日前已搬進，今午特在新屋招待余等午餐。均平弟今日由合肥來京，據云安徽夏主席保張義純（靖白）任保安副司令，託我幫忙。前湘省主席王東原兄來見，據云將擔任軍事訓育之責。李副總統德鄰午後七時來訪，稍談即去。

10月10日　星期日

連天烽火，遍地瘡痍，適值民國卅七年雙十節國慶，首都各界仍照例慶祝。惟每年國慶必謁陵，今年國慶為節省汽油，免除謁陵，在物質上說是節約，在精神上說是無能。現在人心不安，對時局悲觀，為國民政府成立以來，每次國慶所未有。倘國民黨人再不努力，則必如蔣總統今日演詞中所謂，此時此刻，猶不警覺，則將面臨危急存亡關頭。現在政治、經濟、軍事雖嚴重，尚可設法補救，惟道德廉恥壞到極點，因此無公道、無是非，值得憂懼，難免浩劫，豈天命耶。

首都集團結婚由余證婚　卅七年十月十日國慶日

新生活運動總會與南京市社會局所舉辦的第十三屆集團結婚，在勵志社舉行，由余證婚，禮節簡單隆重，禮堂喜氣揚溢。全體二百四十九對新夫婦，因為禮堂容納不下，所以分為上午十時、下午三時兩次舉行，上午一百廿五對、下午一百廿四對，我兩次準時到達證婚。儀典開始，新郎新婦于樂聲中步入禮堂，依序領取證書後，即由我致詞，勉勵新人三點：（1）勵行新生活；（2）推行勤儉建國運動；（3）建立完美家庭。並祝各新夫婦百年好合，多福多壽，多兒孫。詞畢，由新人答詞，攝影禮成。此種集團結婚，損時間，損金錢，人多稱許，這是新生活運動一件很大收獲。

10月11日　星期一

今晨九時參加中央擴大紀念週，到中央委員，及本黨同志立、監兩院委員，各部首長，共五百餘人。蔣總裁親臨主持，並報告當前國內外局勢。大意：

（1）當前國家非常危險，為自國民革命以來，從未有之危險。現在是革命最後奮鬥時代，並非平常時代，精神必可克復一切。

（2）報載各地人民搶購物資，如何危險，本人在滬巡視，並無外傳之嚴重，未免過于誇張。

（3）近三月來軍事失敗，濟南亦告失守，今後還要失敗。今後國軍將採取主動。立、監兩院自成立以來，國軍總是打敗仗，因兩院同志對軍事批評，指責管制太多，尤以軍事質詢，很受牽制，望大家協助政府爭取主動。

（4）現在國際間之情勢非常危險，我國應持態度，仍以不變應萬變。中國應盡量避免作第三次世界大戰之戰場。

（5）有人說要本人少負責任，這是不可能的，假若一個月不管，就不知壞到什麼樣孜。你們要相信本人，你們反對行政、財政、軍事等，就是反對本人。

蔣總裁昨、今兩演說很怛白、很實在，表示時局危險，從來無等演說。吾人須加注意危機，萬不可等閒視之。中午青年部副部長鄭通和來晤，談教育。午後訪光甫，並晤光家、如堂，他們今夜車回滬。

10月12日　星期二

接見班禪駐京辦事處長計晉美。據云西藏政府內部意見甚多，至關于班禪轉世問題，希望早日舉行。上午十時接見阿建新，新疆吐魯番人，維吾爾族，年廿六、七歲，有為青年，能說流利國語。此次觀光首都，並向各有關方面報告新疆情形。據阿云，新疆現分五個派別及各派主要人物于後：

一、正統派是擁護中央。主要人：堯樂博士、色以提、郝登榜（此三人都是現任行政專員）。

二、親土耳其斯坦派，主張與土耳其合作。主要人：麥斯武德（現新疆省主席）。

三、東土耳其斯坦派，主張與蘇聯合作。主要人：伊、塔、阿三區土匪。

四、獨立派，主張新疆人民獨立，請中央力量退出新疆。主要人：艾沙（現省府秘書長）。

五、民族派，不但主張中央力量須退出新疆，即非突厥語系各族均須退出。主要人：伊敏（現建設廳長）。

又據阿云，想競選新疆省主席，有堯樂博士、色以提、麥斯武德、鮑爾漢、哈德萬、加里木汗、馬良駿、劉孝黎等九人。曾慕韓來函，謂工商部上海燃管會主持人（青年黨）孫繼策、楊耘夫，因案被拘一案，函附節略，屬為轉呈總統，當即照辦。此事聞已交法院，當然用法律解決，最好不向總統說話，有損該黨體面，我因為是友黨關係，不得不代為轉陳。

10 月 13 日　星期三

上午九時出席西北民生實業公司常駐董監事會，討論例案多件。嗣因張靜愚、周昆田應張文白約，日間將飛蘭州報告公司情況，遂擬定根本原則三項：

（1）以總公司為母公司，本身不辦業務，另組各種事業，由公司及社會人事投資經營。

（2）以現有之官股，另招商股，俾官商合辦。

（3）維持現狀。

孫章甫今（十三）午十二時卅分由滬到京，余與李崇年夫人到車站迎接，隨約孫在余家便飯。孫此次來京是看朋友，孫擬推薦李崇年任阜豐麵粉公司副總經理，問我意見。答曰是很好的，我無成見，要問問阜豐董事長李運老，及總副經理席德炳、孫伯羣諸人之意見。朱騮先部長來訪，他認為時局危險，大勢已去，甚憂慮，甚悲觀，彼此研究想不出辦法。我因不明全面情況，雖知危險，不敢亂作主張。

10月14日　星期四

上午九時出席中央常務會議，推余主席，討論黨員撫卹金問題。又陳樹人、林雲陔、黃復生三位老同志，最近先後病故，常會全體同志起立默哀。總裁臨時提以楚溪春為河北省黨部主任委員、宋子文廣東省黨部主任委員、歐陽駒廣州市省黨部主任委員，討論很久，不以宋子文任主委為然，余三次起立疏解，未得量解。最後決議，楚溪春為河北主委，宋子文、歐陽駒主委問題，再向總裁陳述意見。由此一端，足見總裁之威信大大減低矣。王東原午後六時再來暢談，並送溥儒山水畫一幅。

10月15日　星期五

本晚七時約凌純聲、韓儒林、芮逸夫、衛惠林、徐益堂等在邊疆文化教育館便飯，並以小魯、彥龍、慶宗、明善、承熾等作陪。凌君等或在中央大學邊政系任教，或在中央研究院工作，均于邊疆問題有深切之研討，其作品多見于邊政公論。查邊政公論創刊至今七年，未曾中斷，其所登載邊疆專家學者之文字已有數十人，早經博得社會上及文藝界好評，乃當前邊疆刊物中唯一之權威，所有研究邊政者無不讀此刊物也。我以為此後立論應積極著重一政字，國家對邊政之得失，以及邊疆實際情形，應赤裸裸的介紹出來，以使國人特別明瞭。

10 月 16 日　星期六

關于工商部上海燃管會主持人孫繼策、楊耘夫因案被拘一案，曾慕韓兄有節略一件，曾託余轉呈蔣總統。茲得總統代電謂已轉告主管注意，依法秉公辦理矣。余即于本日午後五時，將此代電面交慕韓矣。

10 月 17 日　星期日

改革幣制已兩月，人民不信任政府金圓券，各處搶購物資，社會不安，限價政策與政治壓迫終將失效，則物價再上漲必較法幣更迅速。此次改革幣制目的在收縮通貨，提高公教人員待遇，達到安定社會之目的，以現在不但不能達目的，將來情形必較法幣時代更惡化。尤以軍事方面，最近濟南、錦州兩名城先後失陷，兩個有力主力全部損失，同時太原、長春兩個孤城迭次告急，朝不保夕，中央無法救援，其失敗乃時間問題。如此情形，軍事形勢更形惡化，尤以傷兵遊勇，管理不善，騷擾江南大後方，人心惶惶。

10月18日　星期一

上午九時參加中央紀念週。徐中嶽偕正在淮北收編民兵之廖司令運澤之參謀長汪平等來見，請余轉請中央派員點驗所編軍隊，發給武器糧餉，並給廖之名義。當即將他們所求致函國防部顧總參謀長。上午與李副總統暢談國事，他認為形勢嚴重，他表示蔣總統如何，他亦如何，蔣總統下水，他亦下水。態度光明，值得贊佩。劉和鼎（波鳴）由蘇州來。據云蘇州被散兵遊勇鬧得不成樣孜，他家人被打，物被毀，我家亦有兵去吵鬧不休。

10月19日　星期二

乘上午八時對號車赴滬，車中人多，為從來所無。何以故，皆因百業停頓，金圓券無出路，無事可做，認為事不可為，過一天算一天，隨手花錢，到處玩玩，這是國家社會大大損失。午後五時與光甫兄見面，他問最近軍事情形。

10月20日　星期三

今日為陳靄士先生六旬晉九壽，在貴州路湖社舉行祝典。余于上午九時前往慶祝。

10月21日　星期四

伍克家兄午後六時來訪，談及最近社會經濟混亂，很多憂慮。果真政府能痛改作風，使人民相信，還是有辦法的。留伍晚飯。

10月22日　星期五

上午在中孚銀行晤汪世銘兄，談時局。據他分析國共兩黨前途：

（一）當前中國問題是美蘇問題，美國不願中共勢力長大，有礙美國大太平洋政策，蘇聯在未決心發動對美戰爭以前，似亦不願中共統制中國，激刺美國。

（二）國民黨主義正確，歷史悠久，功在國家，一切都有根底。中共則反是，過去遺留社會上之恐怖，至今尚在人腦海中，最近高唱新政協會議，即可證明其力量不夠。

（三）國民黨推行憲政，實行民主，基礎已固。惟目前軍事、經濟已至危險階段，要趕快補救，否則不可樂觀。

10月23日　星期六

惟仁今晨回蘇州，他來滬居住一月有餘，身體精神都比在蘇州好。此次擬回蘇料理家事，不日仍來上海。

10月24日　星期日

上午九時錢慕尹兄來晤。我對他表示人民水深火熱，我們以救民為原則，救多少算多少，救一個算一個。你有地位、有聲望，大為江南人所殷望者，你可聯絡地方公正人士，先從下江南蘇州等處做起。我是十八歲到江蘇，今已四十餘年矣，亦應參加幫忙也。市政府秘書長沈宗濂兄來訪。據云上海經濟情形危急，尤其是糧食，最近華北難民數萬人將到滬，食住都成問題，市政府窮于應付。這是中央政府無能，財政、糧食兩部長錯誤，鬧到不可收拾地步。長春確已失守，數萬大軍未能退出，主將鄭同國壯烈殉職，又說被俘，尚待證實。長春既不保，而瀋陽塞外孤懸，其失敗乃時間問題耳。

10 月 25 日　星期一

午後三時到國際飯店出席華新水泥公司董監事會。討論資本，擬以不增現金新股為原則，故對于增加資產重估部分，擬以水泥貸款抵充，以湊足二千萬金圓為目標。決議原則通過，交由常董會商同總經理妥擬辦法。又翁董事長因就行政院長，辭職照准，改選孫越琦為董事長。

10 月 26 日　星期二

與王敬久、李崇年、薛農山、王丹如在華懋飯店午飯。王是黃浦軍校第一期，很有戰名的軍官。飯後暢談當前軍事情形，認為缺點太多，民心、士氣都已失去，挽回不易。午後與中阜高級同人討論，依照政府法令，本行增資問題，決以一百二十萬金元為原則。其應繳六十萬現款存中央銀行，應由各股東攤交，如果拿出的股東，則由董事會向他方面借貸。現在銀行真正到水盡山窮地步，今後數月，無利可圖，必貼開支。

10 月 27 日　星期三

本擬本星期五回南京，因徐中嶽夫人今晨來說，他胞弟十一月二日在滬接婚，請余證婚，故回京之期或稍緩數日。據交通專家凌某說，以三年內戰破壞鐵路（修而破、破而修），可修一從廣州到瀋陽新路云云。國家如此大損失，不知將來要多少年方可補償，鐵路如此，其他人民生命財產損失之重大更無法統計，戰事可怕，全國人民都切望安定。

10月28日　星期四

上午到莫干路阜豐麵粉廠晤孫伯羣兄。據云黑市麵粉已四、五十金圓一包，而阜豐要照政府命令限價出售七元三角一包，又限要每日二千多包。原料十分缺乏，到處買不出，政府又無法幫買，長此下去，決無法維持。阜豐大廠如此，其他可想而知。孫留我午飯，在坐並有一位七十歲老和尚，俗姓曾，湖南鄉湘縣人，他懂看相，說我壽命要到八十七歲，姑聽之。如此世界，不能為大多數人服務，活在世上，實在無聊。

10月29日　星期五

陳光甫兄午後來晤談，他新由南京出席立法會議回來。他認為當前經濟情形確屬危急，必須從速調整，否則社會秩序難維持。今晨到碧威、仲犖家看他們老太太，仲犖夫人不在家，故未見其老太太。

10月30日　星期六

馴叔精神、身體均有進步，打算明年陽曆一月飛美。本日午後三時特偕馴叔、文叔訪中國旅行社唐社長，研究出洋手束，並預留飛機坐位（中航公司）。

記改革幣制之得失

此次改革幣制的政策是對的，技術確是有錯誤。最錯誤是同時收兌黃金、美鈔，增發很多發行的金圓券，又將過去發行公債無貸價收回，又將美金庫券到期不兌現。公債信用大大損失，以致游資作祟無出路，人民只得搶購物品。現在市面已成有店無貨，或因成本關係，暫時收藏不賣。市民在整天忙亂于柴、米、油、鹽之購恐惶中，街頭路角一條條長蛇陣爭購食物，殊屬可憐。我已旬日不食肉，一星期買不出麵包。這次改革放縱了黃金、美鈔大豪富，解決了中下級，苦害了勤苦大眾，更把金融界打倒，但對于經濟問題還是沒有解決，更失去人心，政府對人民、對國家應負責任。政府對于限價政策，已至進退兩難地步，如果執行限價，人民有了金圓券，買不出貨物；反之，放寬限價以後，有了金圓券，物價飛漲上昇，人民都買不起貨物。就我的意見，以有錢買不起貨物，比有錢買不出貨物較高一籌，望政府快快取消限價，尚可挽回人心萬一。當前戰事節節失敗，尚在苦撐，後方秩序將先混亂，此皆人謀不臧。我救國有心，挽回無力。

10月31日　星期日

中阜銀行同仁有書面要求米、麵、住屋等等。本晚與崇年、伯羣、培之、臨芳談話，主張在可能範圍內予以幫忙。銀行已死路，很難維持。

11月1日　星期一

今日十一月，又是陰陽曆都是初一，又是星期一，四一相逢，一者平也，望中國一切能得其平。行政院昨日決定經濟補充方案，取消限價，提高公教人員待遇及工人工資，國營事業准予調整。此一辦法可以拖延一時，加速走上舊法幣膨脹之道路。搶買豬肉婦人朱李德意，戡建隊隊員古漢民維持秩序，強制執行，開槍彈壓，不料竟中朱李氏腰部，不治身死。該婦人聞已一月未食肉，如此慘死，如此草菅人命，殊屬不成事體。午後晤光甫兄，現在一切看軍事，如軍事不勝仗，則一切都無法挽救。

11月2日　星期二

笪遠雲君與楊明燕女士接婚（笪係徐宗嶽內弟），請余證婚。地點逸園，時間本日午後三時，余準時前往證婚。新郎卅三歲，復旦大學畢業，在海工務局任工程師，新婦廿六歲，滬江大學畢業，現在中央信託局做事。新夫婦各種配合適宜，余簡單致詞。瀋陽確于上月卅日夜放棄，守軍損失甚大，從此華北吃緊。訪王敬久君，他說軍事危險，彼此均認為戰略、政略均要從新檢討，必定要從振作士氣，挽回人心做起。

11月3日　星期三

本日上午四時二十分，惟仁夫人由蘇州來電話，文叔姪媳上午三時三刻產生一男，深為歡慰。文叔三房人口太少，增加人口，久所希望。偕曾伯雄乘上午八時車回南京。

11月4日　星期四

曾慕韓兄擬于本月廿四日飛美，考查憲政，馴叔擬隨曾飛美。今晨余與曾晤面，由曾致函外交部，加發官員護照一張，即由彥龍持函向外部接洽。據云曾赴美一行只能三人，現已至五人，甚為勉強，如再增加，外部極感困難。且以馴叔資格，只能發旅行護照，不能發官員護照。更以時間大促，關于美大使館簽字及檢查身體，廿四日飛美，確來不及，因此只好作罷，將來仍以學生護照赴美。

11月5日　星期五

上午李德鄰、黃季寬、朱騮先今晨先後來訪，均以為時局嚴重，人心惶惶，必須速籌對策，希望我向蔣總統進言。張文白兄昨晚到京，他此行有關時局和平之轉變，十分重要。晚訪陳布雷先生，談一小時，他對時局悲觀。午後訪邵力子兄，作一小時之談話，他認為轉變時局，必須蔣總統作主動之退讓。

11月6日　星期六

上午十時晤張文白兄，他素來主張和平，當此東北軍事失敗之際，人心極度不安之時，忽由西北飛抵首都，為各方所重視。據張云軍事、經濟失敗到如此地步，非和平不能緩和頹勢，而蔣總統未能容納和平。蔣命張繼翁任行政院長，張力辭云云，張希望我有所主張。答曰和、戰我都無辦法，蓋和，我于對方無聯絡；戰，我不管軍事，我只能幫助你。現在老百姓太困苦，日在水深火熱中，我們以救民為唯一之使命。張擬推我任行政院長，我力辭，仍推張。計談一小時。晚七時半晤華中剿匪總司令白健生兄，他明日將返武漢，他想將華中剿總讓何敬之部長，他已向總統說過，他專任武漢軍事，託我向總統促成此事。孫錫三、李崇年今日由滬飛京，報告中孚銀行增資等事務，明日回滬。現在銀行確無做法，不易渡過難關。

11月7日　星期日

黃復生、陳樹人、林雲陔三位老朋友、老同志，都是本年先後病故。本日上午九時，中央黨部在勵志社舉行追弔大會，到者數百人，余準時前往參加祭禮。他們三位都是忠實和平，有功革命，尤以復生兄是與汪精衛同陣去炸清攝政王者，其功與汪同，世人只知汪炸攝政王，而忘記黃炸攝政王，殊欠公道。如此革命下場，所在皆是，有何說焉，所謂歷史，不足憑也。前隨余在新疆任警務處長胡國振兄，現任命為台灣警務處長，本日來見。余強調應與台人謀量解，挽回過去中央接收與台人衝突之惡感，並分函省參議會黃議長、省府浦秘書長、朱民廳長關照。

11月8日　星期一

上午九時出席中央紀念週，蔣總裁親自主持並報告。大意公開承認東北軍事失敗之經過，以及當前經濟之失敗，決心貫徹戡亂方針，爭取民族戰爭之勝利，經濟上將採取有效措置，勿輕信和平謠言。他本人革命到底，雖最後只他一人亦必革命，過去八年抗日，再預備八年戡亂云云。此種精神很可佩，但軍事形勢嚴重，經濟恐慌，人心動蕩，大有大難將臨，當前徐州蚌埠會戰勝利，有關首都之安危，安定大後方之人心，亦是刻不容緩一件大事。就情理論，徐蚌軍事可以支持。紀念週後，出席中央政會議，蔣總裁親臨主持。檢討外交，各委員主張應慎重，最後結論，無論內政與外交，均應以便利軍事為目標，同時應著重挽救當前經濟上之嚴重狀態。至午後一時散會。

11 月 9 日　星期二

物價已失常態，一日數變，有價無市，持貨者觀望，不肯脫手。例如豬肉七日二元八一斤，昨日五元一斤，今日十四元一斤，其他日用品，可以推想。升斗小民，無以為生，這是最嚴重問題。朱騮銑有病，他很關心時局，約我病榻前談話。

11 月 10 日　星期三

搶米潮蔓延全市，昨日上午從十時起，到夜晚十二時止，珠江路最嚴重，太平路、洪武路亦遭波及，混亂中有人乘機放火，警察開槍制止。今晨六時繼續搶米，弄到人心惶惶。今午一時起，食米普遍出售，每人每天持證可買一升，風潮始漸平息。這是管糧政平時毫無準備、毫無能力，令人可嘆。首都如此，其他地方亦正在蔓延。今年長江豐收，為何如此，就是人民不相信政府，不相信金圓券。

11月11日　星期四

今日九時出席中央政治會議臨時會，蔣總裁親自主持。決定修正金圓券發行辦法，其重大之修正，金銀、外幣准許私人持有；金圓券存款時，得金圓、金銀、外幣，除銀幣外禁止流通買賣；金圓券發行總額以命令定之，由政府鑄造金圓發行；改訂兌換率，黃金每兩一千圓、白銀每兩十五圓、銀幣每元兌十圓、美鈔每元廿圓等等修正案。各委員發言甚多，結果原則通過，交由主管修正文字發表。回想八月十九日發表幣制改革、物品限價，至此根本失敗，而人心之失去為從來所未有，可以說是財政當局闖個大禍。過去黃金要收歸國有，不過兩個多月，又歸人民私有。此次修正案是保有金鈔、不守法律，不向銀行兌換者之成功，是遵守法律向銀行兌者之失敗，這是很不公道的，政府應該有所補救。政治會議又決議財政部長王雲五准予辭職，以徐堪（可亭）繼任。徐氏財政經驗豐富，當能挽回財政危機。

11月12日　星期五

今日是國父誕辰，中樞文武官員于今晨十時赴中山陵恭謁陵寢，蔣總統親臨主持謁陵典禮，計到余等四百餘人。徐州前線兩度告捷，敵死亡三、四萬人，徐蚌形勢趨穩定，首都人心亦大安。又因金圓券兌換硬幣，物價一致下跌。上午十一時半，偕張文白兄訪李副總統，他們都以時局為可慮。新財政部長徐可亭兄託余約陳光甫兄見面，余于晚七時先到陳宅晚餐，徐于八時半亦到陳宅。三人就當前財政交換意見，徐認為以硬幣支持金圓券，至少可以維持六個月，惟恐因採購軍糧、民食牽動此項計劃，徐強調請陳幫忙。陳表示須向美國借款，惟美國對華觀感不佳，須設法疏解，並一面將美國情形調查清楚。計談一小時。

11 月 13 日　星期六

曾慕韓兄出洋各種手束均已辦妥，前日（十一）來談，定于十六日赴滬，廿四日飛美，離京前擬晉謁蔣總統辭行，託我代約見面時間。茲得侍從室來信，總統定于十五日上午十一時與曾見面云云。上午九時出席中央常務會議，研究黨務，議論紛紛，都是空話。國事如此，黨務如此，有何說哉。午後四時半出席西北民生實業公司全體董監會議，決定裁減人員，緊縮機構，將上海、蘭州兩分公司及西安辦事處裁撤，總公司移蘭州，南京設辦事處。

11 月 14 日　星期日

陳布雷先生于昨日（十三）上午八時以心臟病突發逝世。陳氏文學優良，前從事新聞界、教育界，已為海內宗仰，嗣歷任黨國要職，現任本黨中央政治會議秘書長、總統府國策顧問，尤以多年在蔣總裁幕中，為蔣所最信任之一人，所有蔣氏公、私文章都出于陳氏手筆。陳氏事理通達，心氣和平，對于黨國，尤其對于蔣總統可以說鞠躬盡瘁，死而後已，現年五十九歲，體力素弱，身後蕭條，與余素有感情。最奇者本月五日晚，訪陳氏交換財局意見，他首先表示身體不好，快死了，又說總統要他做文章，以現在時局壞到如此地步，無文章可做了。假定總統一定要他做事，他不願作共黨俘虜，請總統發他一支手槍，最後打死算了。又說一生所積蓄黃金十一條，已遵令兌換，言下對于八月十九日經濟緊急措施失敗甚為痛心，以致社會紛擾，人心動蕩。計談一小時，都是悲觀話，我多方安慰，勸他不必恢心。今突然逝世，殊出意外，當茲國步艱難，失此碩彥，令人無限惋惜。

11月15日　星期一

陳布雷先生遺體于今日下午三時在中國殯儀舉行大殮，余準時前往弔唁，參與大殮祭禮。各界來賓數百人，一代完人，從此永別人間。

11月16日　星期二

記徐州會戰

國軍與共軍最近在徐州外圍東西兩線大會戰，雙方作戰兵力百萬以上，激戰近旬，慘烈空前。東線共軍（此次會戰主力）現已開始潰退，據報共軍死傷近十萬，即以碾莊一處，投降繳械者達八千人，局面漸趨穩定。此次徐州會戰意義重大，如共軍得勝，不僅動搖京都，江南半壁亦將危乎其危矣。中央鑒于關係之重要，爰調集主力，配合空軍，抱戰戰競競之精神，與夫能勝不能敗之決心，拚死一戰，卒達勝利，非倖致也。共軍此次乘東北勝利之態勢，躊躇滿志，意圖一鼓而得徐州，據兩淮，渡長江，進取京滬，不知此乃國民黨存亡所在，必須力保。古人云兩軍相遇，哀者勝、驕者敗，亦理所當然。當時共軍如攻漢水，覬覦武漢，其結果或不致如此，亦可謂戰略之錯誤。當徐州會戰進行時，京中謠言甚多，人心浮動，惶惶不可終日。親朋往來走詢，余告以戰事不致惡化，南京短時決無問題，今我言果驗。此次徐州會戰之轉危為安，雖不能媲美東晉淝水之戰，然南京得有三數月短期穩定，可無慮矣。惟當前其他方面軍事嚴重性，以及政治、經濟之危機諸種問題，都未能解決，必須從速努力。

11月17日　星期三

午後六時鄭通和（西谷）夫婦約晚飯，有張文白、高一涵、孫立人、楊亮公、杭立武諸同鄉在坐。午後八時出席中央常務會議，討論陳布雷先生遺書，決攝影製片，即予發表，原件交黨史史料委員會編存，以垂範後世。觀其遺書，陳氏確係吃重量安眠藥自殺（詳情俟遺書發表再記）。

11月18日　星期四

上午九時參加中央執監委員公祭陳布雷先生，蔣總裁親臨領導行禮。陳氏靈柩本日下午在和平門登車，經滬轉杭。

11月19日　星期五

近數日迭接滬電話，馴叔身體大有進步，吳醫生保證可以受赴美體格檢查，因此趕辦各種出國手束，決用前次外部所發赴美留學護照。果經美領指定醫生檢查肺部及各部均甚健全，而口試美語亦流利通過，即待美領簽字護照，並擬乘廿四日中航公司飛機赴美。聞之十分快慰，如去千斤重擔，此次意想不到之順利，果天命使然耳。余特于今日上午八時車赴滬，主持一切。

11月20日　星期六

上午十時出席中國銀行董事會，通過例案很多。余發表意見，中國銀行是官商合辦之銀行，應將商業責任負擔起來，為各商業銀行領導者。曾慕韓兄偕夫人于午後五時來晤談，他準于本月廿四日飛美，馴叔如美領館護照簽字手束來得及，與曾等同機飛美，最為妥善。曾很怛白，很強調反對和平談判，與其和談失敗，何如作戰到底，或可轉危為安云云。

11月21日　星期日

徐州東部戰事仍在繼續，蚌埠、宿縣呈膠著態勢。總而言之，徐蚌此次大會戰，國軍確占優勢，惟宣傳勝利未免太早、未免太過，因此有許多人懷疑、不相信，尤其是外國報紙。上午偕崇年訪黃季寬兄，因他在京數次過訪。據黃云，軍事未可樂觀。曾慕韓兄有愛讀之書十數箱，因出國在即，託我設法代為保存，我轉託奚東曙兄代為設法寄存中國實業銀行倉庫。本晚特偕奚訪曾，接洽此事。如此保存，我甚滿意，因這種事一般人是不願幫忙，而曾對于此種書籍，又必設法保存。東曙熱心可佩。

11 月 22 日　星期一

朱部長騮先偕楊公達兄來晤談，多關于時局大事，認為時局雖嚴重，然事在人為，尚非死症。並云蔣總裁日前約中央常務委員談話，堅決表示革命到底，反對失敗主義者，和平談判之主張。馴叔出國護照，美領事已於今日午後三時簽字，廿四日赴美飛機票亦已定妥，惟因打防疫針等事，尚待醫生證明，然後方可買飛機票。就今日情形而論，馴叔出國手束，已完成百分九十五以上。曾慕韓兄夫婦，偕其公子憲斌及其秘書劉東岩、卜永新，已定于廿四日乘中航公司機飛美，馴叔將與之同機。最巧者飛機中的招待，係吳天民醫生的女公子。故特今晚七時，招待曾等五人晚餐，並約吳天民醫生夫婦及女公子作陪，並切託彼等于途中關照馴叔。此次馴叔遠行，得到這許多人途中幫助，我十分放心，第以馴叔幸運而論，亦非常人所能及者。

11 月 23 日　星期二

關于馴叔飛機票事，臨時又發生問題，公司須要驗血等證書（此證書已交領館），即請醫院補發。又要驗 X 光肺部照片，馴叔對于此片早經準備，若以醫院意，只透視不照片，則不知如何應付。延至下午二時，始將飛機票購得到手，至此乃完成百分之百出國手束。

我曾出洋週遊十六國，簽護照等事件，異常簡單，異常迅速，現在何以如此複雜麻煩，殊出我意料之外。這都是有進步、有勢力之國家，對于無進步、又貧又弱、老大中國的特別不信任之手段，我們急起直追，興教育，使人有智識，講衛生，使人身體健，重組織，使人守秩序。中國人果能自強不息，外國人對我自然無借口也。文叔為馴叔出國事，暑假後即開始計劃，嗣因馴叔肺不強，又經數月照料醫診，最近旬日緊急奔走，十分疲困。晚間為馴叔整理行李，他平時欠事務經驗，又不事先準備，臨時抱佛腳，他固著急，我們亦為難。至夜十一時，行李勉強整理完成。

11月24日　星期三

上午六時起身，七時半偕文叔、申叔送馴叔到龍華飛機場，曾慕韓兄等五人亦已到機場，當即辦理檢驗出國護照，及登機前一切手束。至九時登機，因機件臨時發生故障，加以修理，至十時十五分起飛。眼看我家出洋讀書第一人馴叔，向太平洋飛去，我無限快慰。約五十小時（休息時在內）飛抵舊金山，經過東京、威克島、中途島、檀香山到舊金山。昨晚今朝我對馴叔訓導，中有二語「人類生活，要與時間奮鬥」，因馴叔行動常常不能把握時間，這是最吃虧的一件很重要事。馴叔能在國家如此紛亂之際，安然出洋讀書，我已盡為父最大的責任。今後我更應為國家效力，為社會大眾兒女謀幸福。

11 月 25 日　星期四

上午與李運啟談中孚銀行、阜豐麵粉廠一切業務。午飯後同到阜豐訪廠長孫伯羣兄。午後三時半主持中孚常董會，擬與阜豐粉廠、仁力公司連合在台灣、港粵、西南設分支機構。此次到滬專為辦理馴叔出洋事，今日稍閒，擬明日赴蘇州小住，轉返南京。

11 月 26 日　星期五

上午九時廿五分滬錫區間車，偕文叔回蘇州。車中人滿無立足地，適八時凱旋號對號車尚未開出，遂改乘此車。坐餐車，另外補票。午後訪羅先生，交換時局意見。偕文叔看蔣老太太，他對時局頗憂慮。蔣總統本日向立法院提名孫科繼任行政院長，經立院大多數同意，當經總統命令公佈。此次准翁文灝辭院長，以孫科繼任，對內對外，切合時機，或和、或戰、或進、或退，尤為相宜。但孫性衝動，能否與總統及行政院同仁合作，尚須早為注意。晚間得申叔由上海來電話，報告馴叔來電，已安抵美國（舊金山），我與惟仁夫人十分快慰，十分心安。

11 月 27 日　星期六

徐州戰事重心已移至宿縣、靈璧，雙方即將會戰。以情理論，國軍勝利成分較多。近日天氣陰雨有風，忽轉寒，園中楓樹尚有殘紅。

11月28日　星期日

補記陳布雷先生自殺

陳布雷先生憂勞為國，服大量安眠藥片自殺。有遺書數封，自稱腦力疲勞，已是油盡燈枯，望友好與同志，及時加緊奮鬥，促進本黨同志團結，更加強一切愛國家、愛自由仁人志士團結。上蔣總裁函，語重心長，其中敘述昔日蔣先生聽見葉舉詆毀總理之言，置箸不食，今日所見所聞，一般老百姓之中，毒素宣傳，以散播關于總裁之謠言誣蔑者，不知凡幾，是同樣痛心。這就明明白白報告蔣先生，老百姓反對你、輿論反對你。細讀遺函深意，頗似古大臣以死諫君。茲上蔣總裁兩原函黏于後面。

介公總裁鈞鑒：

布雷追隨二十年，受知深切，任何痛苦，均應承當，以期無負教誨。但今春以來，目睹耳聞，飽受刺激，入夏秋後，病象日增，神經極度衰弱，實已不堪勉強支持。值此黨國最艱危之時期，而自驗近來身心已無絲毫可以效命之能力，與其偷生尸位，使公誤計以為尚有一可供驅使之部下，因而貽誤公務，何如坦白承認自身已無能為役，而結束其毫無價值之一生。凡此狂愚之思想，純屬心理之失常，讀公昔在黃埔斥責自殺之訓詞，深感此舉為萬萬無可諒恕之罪惡，實無面目再求宥諒，縱有百功，亦不能掩此一眚，況自問平生實無絲毫貢獻可言乎。天佑中國，必能轉危為安，惟公善葆政躬，頤養天和，以保障三民主義之成功，而庇護我四億五千萬之同胞。回憶許身麾下，本置生死於度外，豈料今日，乃以畢生盡瘁之初衷，而蹈此極不負責之結局，書生無用，負國負公，真不知何詞以自解也。夫人前並致敬意。

部屬布雷負罪謹上

介公再鑒：

當此前方捷報頻傳，後方秩序漸穩之時，而布雷乃忽得狂疾，以至不起，不能分公憂勞，反貽公以刺激，實萬萬無詞以自解。然布雷此意，早動於數年之前，而最近亦起於七、八月之間，常誦「瓶之傾兮，惟罍之恥」之句，抑抑不可終日，黨國艱危至此，賤體乃久久不能自振，年迫衰暮，無補危時，韓愈有言「中朝大官老于事，詎知感激徒婞婀」，布雷自問良知，實覺此時不應無感激輕生之士，而此身已非有效危艱之身，長日回皇，慚憤無地。昔者公聞葉舉詆總理之言，而置箸不食，今我所聞所見於一般老百姓之中毒素宣傳，以散播關於公之謠言誣蔑者，不知凡幾。回憶在渝，當三十二年時，公即命注意敵人之反宣傳，而四、五年來，布雷實毫未盡力，以挽回此惡毒之宣傳，即此一端，又萬萬無可自恕自全之理，我心純潔質直，除忠於我公之外，毫無其他私心，今乃以無地自容之悔疾，出於此無可諒恕之結局，實出於心理狂鬱之萬不得已，敢再為公陳之。

11 月 29 日　星期一

天氣雖晴而嚴寒，頗似三九天氣，昨夜尤寒。今午約鳴夏、佛庵、靖侯、影毫諸位老友便飯，靖侯境況最苦，擬酌予接濟。我擬明日回南京，馴叔既已平安抵美，現在申叔一人留滬讀書，似覺孤單。惟仁擬明日赴滬，將來常住上海，以便隨時照料申叔。卅日回京，未另記。

11 月 30 日　星期二

【無記載】

12月1日　星期三

上午九時參加張故委員溥泉先生移靈北平典禮，蔣總裁親臨主祭，余等陪祭。行禮如儀後，奉移靈櫬登汽車，駛往明故宮飛機場，專機飛平，余等均送至機場。近來謠言甚多，人心惶惶，政府今日申明決不遷都，惟為撙節首都糧食、物資之消費，及安定政府工作人員情緒起見，公務人員如有遣送眷屬回鄉者，政府予以協助。宿縣、蚌埠之間，次一大會戰業已展開，國軍已選定有利地位，就精神、物質、交通等等而論，國軍可操勝算。此一戰事，有關首都之命運。派蔣長春乘夜車送夜衣箱赴上海。

12月2日　星期四

上午九時出席中央常務會議，討論疏散中央黨部職員案，計約八百人。各職員向常會請願，要求多發遣散費，常會相當接受彼等請求。至午後一時半始散會。從前為何如此龐大組織，既誤諸同志，復使中央為難，誰為為之，誰令致之，主其事者，應負其責。國民黨如此，其他一切政治等等，更可想而知。西北民生實業公司經理張靜愚兄，午後三時偕周昆田來商總公司遷西北、蘭州及人事之更換。朱教育部長騮先午後六時來談最近一般黨政情形，認為人心已去，為可慮。

12月3日　星期五

上午十時接見班禪堪布會議廳代表納旺金巴（現任立法委員）、處長計晉美、商圖丹等三人，仍關于班禪轉世問題，反對王羅階將現在青海靈童宮保慈丹即時送藏。余認為此事內容複雜，特于午後四時訪蒙藏委員會許委員長，主張將此案從緩辦理。晚七時端木文俠、陸心亘、李副總統先後來談。端木家眷將疏散桂林。

12月4日 星期六

上午十一時張文白兄來談他素來主張和平，雖淮北戰事有進展，仍擬向總統進言。關于他個人當前出處：

（1）仍回西北（軍政長官）。

（2）參加孫哲生行政院（如國防部等部事宜）。

（3）出洋考查軍政。

12月5日 星期日

近旬以來軍事吃緊，人心惶惶，為慎重計，疏散公教人員眷屬。輪船、鐵路擁擠不堪，秩序大為混亂，弄到不成樣孜，因此犧牲生命者比比皆是。現經擬定疏散辦法，秩序已有進步。徐州會戰既勝利，為變更戰略計，放棄徐州，將三個大兵團南下，夾攻宿縣、固鎮。現在南下各兵團已過夾溝，北上國軍克復固鎮，澮河、淝河地區已無匪蹤。所謂次一次之宿固大會戰，國軍確佔優勢，敵軍紛向豫東回竄，國軍沿隴海路堵擊，蚌埠緊張威脅解除，首都人心大為安定。余始終認為共產黨戰略之錯誤，國軍戰略成功，就歷史而言，由淮河攻南京多失敗，由上游武漢攻南京多有收獲。晚七時王洞臣（懋功）、端木文俠、陸心亘來晤，談文俠明日送家眷飛桂林。

12月6日 星期一

上午十時蔣總統派其大公子經國來晤，其談話：

（1）首先表示總裁即將約余見面，次囑總裁詢問余撤退南京有無準備，應否要他們代為準備。答曰我無準備。經國問究竟到何處。答曰不得已時先到上海，以後再到何處，不得而知。我自至終認為徐蚌會戰在精神、交通、物質等等條件，都是國軍佔優勢（經國曰他亦是這樣看法），所以我的家眷未離京，萬一離京一定要請示總裁。蓋在公的方面，總裁是領袖，在私的方面，總裁是我的老友，斷不能在危難之際，我們走開，將他一人丟在南京。我雖六十五歲老人，但我的革命精神尚在。

（2）經國問對于文白先生和談意見如何。答曰各有主觀不同，主和者要有主和理論、主和辦法，主戰者要有主戰理論、主戰辦法。有許多人主和，要我說總裁，我未去，因為我對于和、戰無具體意見，言和我于對方無聯絡，言戰我不管軍事。我做事素來重把握，如總裁第一次、第二次下野，我均參加主張，因有把握使他後來復職。這次言和戰我無把握，故不敢輕于主張。現在雖可苟延，必定要想次一步辦法，如同長途不停急跑氣喘，必須吐一口氣，方能再跑。經國深以為然。

（3）人心失盡，要設法恢復。士氣不振，並不是士兵不打仗，乃軍官很多錢太多，生活太奢華，與士兵脫節。須知人類生活不相上下，纔生感情。經國說很對的。

（4）民、青兩黨態度如何。答曰曾慕韓兄上月廿四日赴美國，他反對和談。經國又曰他們表示不參加孫內閣。答曰乃普通政客一種資態。

（5）論到國民黨，認為多半是官僚與腐化份子，是政客集團、沒有期望的黨。

計談四十分鐘而散。晚七時半蔣總裁約見面，並共進晚餐，只有經國一人在坐。至八時十四分始退出，其談話大意：

（1）總裁首先詢問對于時局觀感。答曰淮河既可暫時固守，南京威脅解除，或可有二、三個月穩定，但很多問題尚待解決。如軍事，共軍次一行動，深堪注意，尤其東北共軍入關。如政治，務將已失人心快快收回，總要做幾件使老百姓相信的事。如財政，就我計算，每月需八千萬美元開支，所有國庫金、銀、外匯至多可用至明年三月底，但三月以後如何，其關鍵在美國援助。

（2）主和的人太多，大家都要我向總裁進言，我因事體太大，又無和戰把握，故未來報告。總裁曰你的意見如何。答曰現在軍事、政治、經濟都只能短時間維持，已臨最後關頭，猶如跑步，太急太久，以至氣端，非即時吐一口氣，不能再跑。總裁接連問如何吐氣。答曰茲事體大，要詳細研究，不管怎麼樣，領袖地位是不能動搖的，只要保留二百萬軍隊，以後機會很多，可以週遊歐美。總裁曰到何處去，如現在走開，軍隊就要紛亂。總裁又問如何吐一口氣。其中經過很多談話，其結論，應設法吐一口氣，但領袖地位不能動搖，保留二百萬軍隊。一面研究，一面等待淮北戰事最後結果。

(3) 今晨與經國所談，均與總裁談及，不在重記。

(4) 總裁命余任總統府秘書長。余強調不能作文章，未便擔任，請考慮他人。總裁曰秘書長是決定政策的。余仍堅辭。

(5) 總裁語氣之中，很有從新革命精神之表現。余曰同盟會時代與中華革命黨時代，先總理年齡甚輕，今者我等六十有餘，恐時間來不及了。總裁曰現在身體如同四十多歲，可以再幹二十年。余曰但願如此。

(6) 報告李副總統近來態度，非常安詳。總裁囑與副總統多多往來。

(7) 我問總裁，外傳五院將疏散。總裁曰是的，正在研究，將來南京留總統府、外交部、國防部。總裁深感政府組織龐大，運用不靈，早成贅瘤，很多感慨。

今日與總裁見面先後，兩次與張文白晤談，徵詢和談意見。張曰軍隊萬不能打，除和談無他辦法。

12月7日　星期二

上午晤李副總統，談及淮北戰事之重要性，並研究如何挽救危局。李曰淮北戰事若無結果，又將如何。

12 月 8 日　星期三

馴叔有電到上海，報告已安抵伊利勞也學校。同時又接到他上月廿八日由舊金山發來航空信，報告由上海到舊金山途中經過情形，最痛苦在飛機上吐了廿幾次左右。既抵學校，我欣慰之至，飛機痛苦，我心愛惜。

12 月 9 日　星期四

上午九時出席中央常務會議，因法定人數不夠，等至十時始行開議。所議均不是救亡大計，黨的前途可想而知。淮北戰事已臨緊要關頭，規模之大，為從來所罕有，勝負之分為期不遠。果能支持不敗，則南京尚有二、三月穩定局面，我們當在此時期，努力一切，勸蔣總統週遊世界，保存國家原氣。

12 月 10 日　星期五

昨夜夢牽馬行狹路，忽遇險峻小高坡，余左手牽馬，余先過去，馬亦隨牽過來。頗似天將亮，太陽未出之先時候，馬白色，眼有神，性純良，余深愛之，即夢醒。解此夢，將來遭遇困難危險，可以平安渡過，因此今後遇事必須更加謹慎。李崇年兄擬任昆明中央銀行分行經理，託余轉託財政部徐部長可亭向中央銀行進言。今晨八時半徐部長來晤談，告以昆明中行經理，已經委人接替矣。徐部長又談及時局如此嚴重，很多機關趁火打劫，向財部請求撥款。又有許多人為逃難安全兼發財起見，請求派往安全地方財政機關工作，這種失敗主義者，真令痛心。

12月11日　星期六

美國西太平洋艦隊司令白吉爾中將，昨午宣稱將調遣海軍陸戰隊來滬，保護美商之生命財產，如美國在滬重要財產電力公司、汽油公司、經濟合作總署船隻等。白氏鄭重表示，陸戰隊僅于萬一本市中國當局不能維持本市秩序時，用于保護之途，並稱關于此事，美方業已取得中國當局原則同意云云。這種表示，就是美國不能放棄上海，中國豪富素以上海為安樂土者，揚眉吐氣，喜出望外，良可嘆也。朱騮先昨、今兩日來晤，仍係談論黨政諸問題，認為已至非大大改變不可，就是改變，能否挽回局面，尚屬疑問。

12月12日　星期日

近幾日淮北戰事忽弛忽張，關係重要。如果失敗，則不堪設想，如果勝利，則政府必須澈底革新。

12月13日　星期一

上午九時出席中央紀念週後，再出席中央政治會議。分由何國防部長、顧參謀總長在中政會與紀念週報告軍事，認為淮北戰事，不必悲觀，尚可樂觀。本日午後訪戴季陶，他自交代考試院長後調國史館長，迄未就職，現在身體病弱，神精失常，其夫人亦臥病在床。關于時局嚴重之際，移住他處問題，朱騮先、鄭彥芬諸兄託我詢戴意見。戴原意不想離京，經余說明無住首都必要，對余主張不加反對，至將來移住何處，尚須研究。

12 月 14 日　星期二

大規模的主力決戰，刻正在淮河以北。戰事重心有三處，一在蚌埠西北（李延年兵團）、一在宿縣西南（黃維兵團）、一在永城東北（杜聿明所統率邱、李、孫三個兵團），這三處又以宿縣西南戰區為樞紐，向南接引北上大軍，向北策應南下三個兵團。目前戰事之緊要關鍵，繫于黃維兵團與李延年兩兵團之會師，此一步完成，則蕭、永、宿三角地區南下問題，亦可迎刃而解。

12 月 15 日　星期三

連日又起和談謠言，上海尤甚。唐山撤守，北平戰事暴發，人心不安。端木文俠昨由桂回京。據云桂林平靜，逃難至該處日多。

12 月 16 日　星期四

北平戰事既已發生，政府于昨日特派專機迎接先生來京。該機于緊張時間飛出，至晚始抵首都，下楊勵志社招待所。余特于今晨八時半趨訪，予以慰問。

12 月 17 日　星期五

上午九時出席中央常務會議，討論擴大中央政治會議，將監察院、立法院、黨團幹事加入，議論紛紛，再交小組研究。李副總統約午飯，他亦想出洋考查，並順談廣東軍政，宋子文兄不易維持下去。報息淮北李、黃兩兵團昨已會師，但據軍部鄧文儀兄云，黃兵團自被圍以來，數日決戰，損失重大，昨日五路衝圍，雖與李兵團會師，其犧牲更可想見。

12月18日　星期六

上午九時出席普濟懇植社理監事會。皖前省主席李品仙兄、重慶市長楊子惠兄先後來晤談。李云廣西地方平靜。楊係奉召來京述職。

12月19日　星期日

方叔內弟涂恕修君來見，他現在國防部新聞局任上校專員，青年有為之士。他為他將來事業前途，擬轉變工作，請余指示。經二小時之研究，當前可由新聞局調往重慶新聞處工作，終身事業為教育或實業。至如何轉變上項事業，則待機會可耳。

12月20日　星期一

回拜楊子惠兄。孫哲生（科）發表行政院已三星期，迄今各部會長官尚未選出，政務無形停頓，似此情形，為世界政治所罕有，殊屬遺笑萬方。孫氏擬辭職，經總統慰留，孫氏決定從速組織，並以吳鐵臣為副院長，全內閣名單，日內當可發表。

12月21日　星期二

張文白兄請胡適之、楊子惠（森）等午飯，請余作陪。胡對于現在局勢甚為憂慮，主張鞏固江淮。

12月22日　星期三

羅倍子先生夫婦同機遇難

羅倍子先生自卸任蒙藏委員會委員長後，即息影吳門，以花木自娛。最近因其女公子羅明慧在香港中國旅行社服務，來電迎養，爰於本月二十一日偕其夫人及夫人之妹韓明夷女士，由滬乘中航公司霸王號機飛港。不幸將抵香港上空時失事，同機三十三人全部罹難，彭學沛、馮有真兩先生亦在內。噩耗傳來，不勝痛悼。倍子先生出身科甲，少年即得志，民前在兩江督府江蘇巡撫衙內充幕府，辛亥江蘇巡撫程德全發難，倍子先生與有力焉。北伐時為黨國奔走不遺餘力，嗣迭任蘇、皖省府廳委。抗戰時任委員長侍從室第三處副主任，並曾隨余赴藏，主持第十四輩達賴坐床。旋余由蒙藏委員會委員長調主新省，渠即繼長該會，還都後始卸職。平生精研佛、老及諸子百家，秉性清高，眼光遠大，余師事之，每遇大事必往請決，受益良多。夫人與韓明夷女士篤信耶教，三人同機死難，超脫塵世，當無遺憾。余痛折良友，又失良師，悼念之餘，除電滬寓分別慰問其港、滬家屬外，業經呈報總統，並請中樞予以褒揚，另電港查詢詳情。幸所遺子女均成人，余當隨時照料，藉慰幽靈。其一生事蹟甚多，並擬設法收輯，以傳後世。

孫科內閣組成

孫科內閣名單已於今晨中常會、中政會通過。張羣、張治中、陳立夫、翁文灝、張厲生、朱家驊均為政務委員，吳鐵城任副院長兼長外交，端木愷為秘書長，內政洪蘭友，國防徐永昌，教育梅貽琦，水利鍾天心，工商劉維熾，衛生林可勝，司法行政梅汝璈，地政吳尚鷹，僑務戴愧生，蒙藏白雲梯，新聞局沈昌煥，其他部會未動。全部閣員堪任院長資格者固有數席，不見經傳者亦不少，一般言之，此次內閣看不出重心，應付和戰，恐均不堪勝任。從好的方面說，是繼往開來，從壞的方面說，或將是現政府最後一次考驗。

轉呈總統關於白健生兄等意見

白健生兄及武漢人士以局勢嚴重，擬請蔣總統暫時退休，以謀補救。惟因健生係軍人，不便呈請，特派鄂民政廳長鄧翔海於昨日飛京，面請余會同張岳軍先生婉陳總統考慮，此事關係重大，頗堪注意。余經與岳軍洽商後，於本日中午同應總統邀宴便陳，總統當即表示：「退休並無不可，惟應顧及三個前提：第一退休辦法如何，誠恐敵人乘隙而入；第二繼任人選，聞李副總統不願擔任，我應先充分準備；第三現各部隊被圍，尚未解救，渠等情如我子弟，正患重病，我不忍在其病時走開，必須俟病好，或病死後，才能如此。美國不願援助我國，要我下野，我說我就下野，美國能即幫助中國否，而美方無答覆。」從以上言語，亦可見總統對於現局所持態度。余已與岳軍約定，明晨九時，以個人名義面告鄧廳長轉達健生兄等。

與總統飯時閒談

飯時閒談。余曰：「此次我方軍事失利，因我軍官不知武器得來之為難、軍隊組成之不易。余早年作戰西南，槍枝來源不易，士兵來源亦不易，土地得到亦不易，故當時余立意，打仗應保持土地；如土地不保，須保槍枝；槍枝不保，須保士兵生命。」總統甚以為然。

余又曰：「此次我方有空軍配合作戰，何以戰敗？原因在共方用恐怖手段控制人民，組織人海戰術，我飛機無法炸盡廣大人群。因此我推想將來美蘇作戰，美國使用原子彈，蘇聯用人海戰術，是原子彈恐亦不能殺盡敵人。余對空軍與原子彈在戰爭中之勝利把握發生疑問。」總統謂：「空軍仍有用，此次我方因空軍太少，陸軍太無能，故失敗。」

余又曰：「與土匪戰不易。回憶從前與總理談話，總理以最怕為何見詢，余答最怕土匪。總理曰以汝大軍官，何怕焉？事隔年餘，總理赴桂林，道經梧州，余率師由桂赴梧迎接，與總理由梧同舟西上。舟過昭平縣，又上行，高山遇匪，令護衛軍隊登山搜索，船停航三小時。總理曰土匪真麻煩。余答曰我曾說過怕土匪，即如此。」余又曰：「總之無後方，軍隊打仗不易，我軍此次失利，無後方亦為一大原因。」

與總統飯後談話

飯後總統招余與岳軍再至客廳談話。總統又向余面囑出任總統府秘書長一職，余再辭，並推薦岳軍擔任。岳軍答以現任中政會秘書長，不能應命。余以對調相請，岳軍曰先生德高望重，非總統府秘書長不稱。余曰余不善文，不宜任此職。總統曰無關係。余復曰，余為總統料理私事可也。總統答曰公事亦要緊。最後此議仍未作定論。

12月23日 星期四

上午九時，在岳軍公館與岳軍將昨日總統談話情形，以私人名義面告鄧廳長，請轉達健生兄等。十一時半總統親來電話，詢問余擔任總統府秘書長意見。余答以現時機危急，患難相共，不能規避，惟恐不能勝任。總統曰，你幹得了，即提中政會。似此情形，我不能說再不幹。

12月24日 星期五

上午十時訪李副總統，並遇冷禦秋、黃季寬。十一時訪張文白兄，與李、冷、張等交換時局意見，均缺辦法。十二時半蔣總統約午飯。飯前與經國談話，飯後與總統談話。總統云總統府增設副秘書長一人，擬就陳芷汀、許靜芝兩人擇一任用。余表示無成見，請總統約彼等面談。余在總統處談話要點如下：

（一）現在軍隊不能再打下去，又以天冷、露雪風霜，不能持久。

（二）現人心喪失淨盡，即幹部亦信心動搖，堪予注意。

（三）革命是在野者不滿現政府而採取之行動，我等在朝執政統一國家，不能謂革命，而是建設。如政治、軍事等等建設，是此次我方失敗，亦予種種建設之失敗（總統甚點首）。

（四）革命需要力量，赤手空拳無辦法，請保留實力，待機復起。

（五）歷史上凡一政府崩潰時，內部必先生問題，故須預防變生肘腋。

（六）我做幕僚長，當盡告所知，惟決定則在總統。

余與經國談話大致相同。

12 月 25 日　星期六

總統今日公布命令，特任余為秘書長。以現在國內情形，因戰事影響，有如人間地獄。予此次出任總統府秘書長，是以慈悲博愛為出發點，力圖地方與人民減少災難痛苦，未遭糜爛地方能不遭受糜爛，已遭受者能得休息而漸謀恢復。今日李副總統及何部長敬之、吳秘書長達銓等二十餘人，先後過談。

12 月 26 日　星期日

本晨中央得白健生電主和平，至急要點為：

（1）由列強調和。

（2）由各省民意機關通電請和。

（3）由雙方停戰言和。

總統十二時半約予及文白、岳軍午餐，詳研此項問題，各人發言至多。最後總統決暫避位，由李副總統暫代，予及文白、岳軍奉命往訪副總統，傳達此意。下午五時前往，副總統表示我對此事十分惶恐，但當以總統之意旨為意志，如必須我看家，自當遵命，我亦可藉悉共黨懷抱，倘將來仍須再戰，仍請總統回來云云。予等即於十時同謁總統覆命，復令明日再訪副總統，詳商辦法。

綜括余本日與總統談話之要點：

（1）各掌兵大將均有不戰之勢。

（2）美雖反共，亦不援我，欲另覓一新興力量而支持之，故對我各重要軍官，均有直接聯絡。

（3）全國人民均切盼和平，在此情形下，殊難繼續作戰，現各省參議會即將通電請和，萬一通電請總統下野，則與總統之威望有關，且使群情歸於潰裂，此實不可不預為防範也。

予等復強調我三人意見乃係抱知無不言之忠悃，盡量陳述，以供採擇，請總統睿斷。

12 月 27 日　星期一

上午十一時與文白、岳軍及李副總統談話。關於蔣總統離職、副總統代理之方式，因與憲法有關，擬請王亮疇先生研究。關於政治，須問孫哲生院長。關於軍事，對平、津主張苦撐，對杜聿明所屬邱、李兩兵團主張急救，對長江軍事請蔣總統佈置。談話歷一小時，俟明日黃季寬先生到京再詳細研究。晚蔣總統宴請余與吳前秘書長達銓，以歡迎歡送新舊任，總統府各局長均參加。飯後總統招余與岳軍、文白談話，總統已決定下野，並商宣言內容，對於一切善後佈置均有指示。余亦堅強表示與總統共進退，雖定明日就職，總統走余亦必走。總統願余繼續。余曰我向來做人、做事講精神，記得民國十五年在南昌時，余曾說過總理死後，我等都是領袖，我頭上不能戴帽子。總統當即首肯，並囑俟渠離職後代其辦交代，余才離開，由副秘書長代理余職。余此次參與蔣總統下野事，如蔣走而余不辭職，則無以表顯我之人格，故必須同退。

12 月 28 日　星期二

今日余正式就任秘書長新職。上午十時赴總統府舉行新舊任交接禮，余向全體職員致詞勉勗。返舍即準備辭呈，以備蔣總統下野，余隨即辭職之用。夫就職之日準備辭呈，實為罕有之事。十一時與李副總統及文白、岳軍、季寬談話。季寬提出關於蔣總統離職及和談方案，內容雖較具體，但與我等以前所商相去太遠，不易實行。下午五時半，蔣總統邀余與岳軍、文白三人晤談，適閻錫山先生亦在。渠聽到和談，及蔣總統下野之議，表示不忍考慮，迨見季寬所提方案，卒然淚下。總統深為感動，表示暫予擱下，故此事似有變化。

12 月 29 日　星期三

上午十一時半蔣總統邀往談話，旋閻錫山先生亦到，即共進午餐。飯後再談和戰問題，內容與前相同。下午六時，孫科院長宴請余與亮疇、岳軍、文白、鐵城、立夫等，交換和戰意見，歷時三小時半。認為此項重要決策，應提本黨共同商討，爰經決定，請蔣總統在官邸召集中央政治會議重要負責人，檢討軍事政治現狀，以便決定或和或戰。此事由鐵城面呈總統。

12 月 30 日　星期四

上午十時半，與文白、岳軍在李副總統官邸與李及季寬會談。因季寬原提方案無法實施，經逐條討論修正如下：

一、蔣總統為便於政策之轉變，主動下野。

二、李先生依法代行總統職權，宣佈和平主張。

三、和談由內閣主持。

四、和談事前準備：

（甲）組織舉國一致之內閣，其人選另行研究。

（乙）運用外交，特別加強對美、英、蘇之合作關係，以期對中國和平之實現獲得贊助。

（丙）主動爭取過去不滿政府主張和平之政治團體及人士。

五、為保證和平談判之順利，軍事應有嚴密部署，尤應鞏固軍心，團結一致。

該項方案雖經修正，是否可行，猶視將來環境變化而定。此次健生以軍人身份謀和於先，季寬又建議於後，如此做法，實屬不智，深為惋惜。余與桂方領袖平素感情甚好，惟格於環境，不便勸告。渠等現雖得些勝利，後果尚不可知，而力量有限，誠難應付現局，將來仍恐需要蔣總統勢力協助。下午七時赴蔣總統官邸，與文白、岳軍、哲生、鐵城向總統報告修正方案。旋閻錫山先生亦至，共同商討和戰大計，決定由政府主動提倡和平。

12 月 31 日　星期五

上午十時，李副總統請余至其寓所談話，室中僅余等兩人。李面告三事：

一、渠擬留文白在京，並擬請蔣總統代留。

二、將來改組後行政院長人選，渠無人可出任，而屬意文白。對於岳軍，因難得全體同意，似不適合。

三、如佈置未妥，他是不幹的。

李副總統附帶謂白健生主和電，他事先不知，黃季寬臨時所提條款，事先亦未同他商量。他認為白太急，黃太粗，他對於時局非常焦慮，夜不能寢。我說此次事件如同進客廳，可以隨便進來，為何要打破玻璃窗子進來，使賓主皆不歡。李深以為然。余等談三十分鐘。由此可知，廣西同志們漸漸知難，漸漸知道力量不足應付現局。晚八時，蔣總統召集中政會重要人員數十人晚膳，並會商總統明日元旦文告。總統強調政府一向主張和平，即動員戡亂目的亦在於和平，只望和平果能實現，個人進退出處絕不縈懷。各人爭辯三小時，文告決定明日公布。

民國三十七年之回顧

本年為國運最不幸、本黨遭遇最困難之年。尤以下半年間，軍事節節失利，政治亟亟可危，經濟紊亂幾趨崩潰，社會動盪，人心渙散，風雨飄搖，不可終日。本黨應付維艱，備受各方責難，甚或有人以為本黨歷史已展至最末一頁。蔣總統領導軍事，迭受挫折，內外不滿，其處境之困難，亦以今日為最甚。然而本黨奮鬥六十載，推翻滿清，締造共和，民國以後，始終站在人民前線，勵精圖治，功在國家。今日失敗，固有其內在因素，若謂本黨從此一蹶不起，行將絕滅，實係過份之言。凡我同志，應知所警惕，痛自檢討改革，以圖重振本黨精神，發揚本黨光輝。蔣總統完成北伐，領導抗戰，蔚為全國力量之中心人物，其成功決非倖致。今雖頓挫，而尚有大部份勢力，決不能頃刻根本推翻，即使暫告下野，亦必應時復起，可預期也。

本年一年，余全家各事粗善。秋間政府改革幣制，我家為表示信任政府，擁護政策，故將惟仁夫人全部黃金私蓄繳給政府，兌換金圓券。未幾政府辦法變更，金圓貶值，致我家經濟遭受損失，引為遺憾。惟余平素不重錢財，並不介懷。所幸年來全家老幼身體均健，值得快慰。馴叔今夏畢業中大，後一度因病調養在家，旋即復可，並已於十一月下旬飛美深造，實為本年最欣幸之事。

余年已邁，而身體精神均不減退，總思趁此有限時日，為社會、為人民謀求平安。此次出任總統府秘書長，亦無非想使地方不再糜爛、生靈不再塗炭，了我心願耳。

民國日記 64

吳忠信日記（1948）

The Diaries of Wu Chung-hsin, 1948

原　　著　吳忠信
主　　編　王文隆
總 編 輯　陳新林、呂芳上
執行編輯　李佳若
封面設計　陳新林
排　　版　溫心忻

出　　版　開源書局出版有限公司
香港金鐘夏慤道 18 號海富中心
1 座 26 樓 06 室
TEL：+852-35860995

民國歷史文化學社有限公司
10646 台北市大安區羅斯福路三段
37 號 7 樓之 1
TEL：+886-2-2369-6912
FAX：+886-2-2369-6990

http://www.rchcs.com.tw

初版一刷　2021 年 5 月 20 日
定　　價　新台幣 350 元
港　幣　90 元
美　元　13 元
I S B N　978-986-5578-19-0
印　　刷　長達印刷有限公司
台北市西園路二段 50 巷 4 弄 21 號
TEL：+886-2-2304-0488

國家圖書館出版品預行編目 (CIP) 資料
吳忠信日記 (1948) = The diaries of Wu Chung-hsin. 1948/ 吳忠信原著 . -- 初版 . -- 臺北市 : 民國歷史文化學社有限公司 , 2021.05

面； 公分 . -- (民國日記 ; 64)

ISBN 978-986-5578-19-0 (平裝)

1. 吳忠信　2. 傳記

782.887　　110006147